Truqui
BOOK
CUADERNO DE ACTIVIDADES
Y PASATIEMPOS PARA
APRENDER INGLÉS

MARÍA G. DURÁN
@MARIASPEAKSENGLISH

ILUSTRADO POR
Patricia Agüero

RANDOM
CÓMICS

Papel certificado por el Forest Stewardship Council®

Primera edición: marzo de 2023
Primera reimpresión: abril de 2023

Printed in Spain – Impreso en España

ISBN: 978-84-18040-69-6
Depósito legal: B-952-2023

Diseño y maquetación de Candela Insua

Impreso en Índice Artes Gráficas, S. L.
Barcelona

CM 4 0 6 9 6

Este truquibook es tuyo.
Gracias por apoyar mi trabajo
y compartir mi visión del inglés.

ÍNDICE

3. GRAMÁTICA

4. PRONUNCIACIÓN

5. PHRASAL VERBS

CUANDO HACES COSAS, SUCEDEN COSAS...

Y esto se aplica para cualquier situación en la vida.

Cuando tenía trece años escribí con toda mi inocencia un email en inglés a la mismísima Oprah Winfrey para pedirle que me dejara traducir todas sus entrevistas del inglés al castellano. Como te puedes imaginar, no tuve respuesta.

Un día de noviembre hace dos años decidí, como por arte de magia, subir mi primer vídeo a redes sociales. No ocurrió absolutamente nada. Aparentemente.

Lo que no me imaginaba entonces era que todas aquellas veces en mi vida en las que decidí hacer algo, a veces sin un resultado aparente, me iban a conducir a este momento. A este instante en el que estoy escribiendo el prólogo de **nuestro** segundo libro de inglés.

Y es que, **my dear**, cuando haces cosas, tarde o temprano, suceden cosas.

Con el inglés pasa algo parecido. La mejor forma de aprender a hablar inglés es... hablando. La manera más eficaz de aprender vocabulario es... usándolo. La única vez en la que vas a sentir que conectas con el idioma es... poniéndolo en práctica. Y de ahí nace este libro.

A partir de ahora pasamos directamente a la acción. Olvídate del típico **workbook** del colegio. En este truquibook vas a poner a prueba cientos de truquitos para darle vidilla a tu inglés. Para ir más allá, vivir el idioma, divertirte con él.

Todo se hace mejor con cariño y motivación. Y aquí de eso ya sabes que vamos sobrados.

¡Por un aprendizaje diferente!

All my love,

María

¡A FICHAR!
LET'S PUNCH IN!

Un trabajo típico de oficina

No es que quiera comparar este truquibook con un **9 to 5 job**, pero lo que está claro aquí es que este aprendizaje nos lo vamos a tomar en serio, **my dear**. ¡Empieza el viaje!

Completa con tus datos el siguiente formulario de este truquibook. Así nos tenemos fichados y empezamos conociéndonos un poco mejor.

NAME: ....

SURNAME: ....

BIRTHDAY: .... / .... / ....

EMAIL: ....

Una vez que fiches, dedícale a este truquibook al menos diez minutos al día. Es preferible ser constante en pequeñas dosis a darte un atracón de inglés solo una vez al mes. ¡Así irás creando poco a poco tu propia burbuja del idioma!

Y recuerda: **LA CONSTANCIA ES CLAVE.**

En la cultura anglosajona existen varios términos para referirnos al apellido. Fíjate:
John James Smith -
- *John (First Name),*
- *James (Middle Name),*
- *Smith (Last Name/Surname/ Family Name)*

¿Sabías que hay varias formas de escribir la fecha en inglés?
** En UK, escribimos primero el día, después el mes (empezando por mayúscula) y el año:*
- *21st September 1996*
- *21/09/1996*

** En US, escribimos primero el mes, después el día y por último el año:*
- *September 21st 1996*
- *09/21/1996*

¿Sabríamos decirlo en voz alta en inglés?
Mi email hola@ mariaspeaksenglish.com
se lee: hola, at, mariaspeaskengish, dot, com
**¡Grábate a fuego lo siguiente!*
@ at
. dot
- dash/hyphen
_ underscore

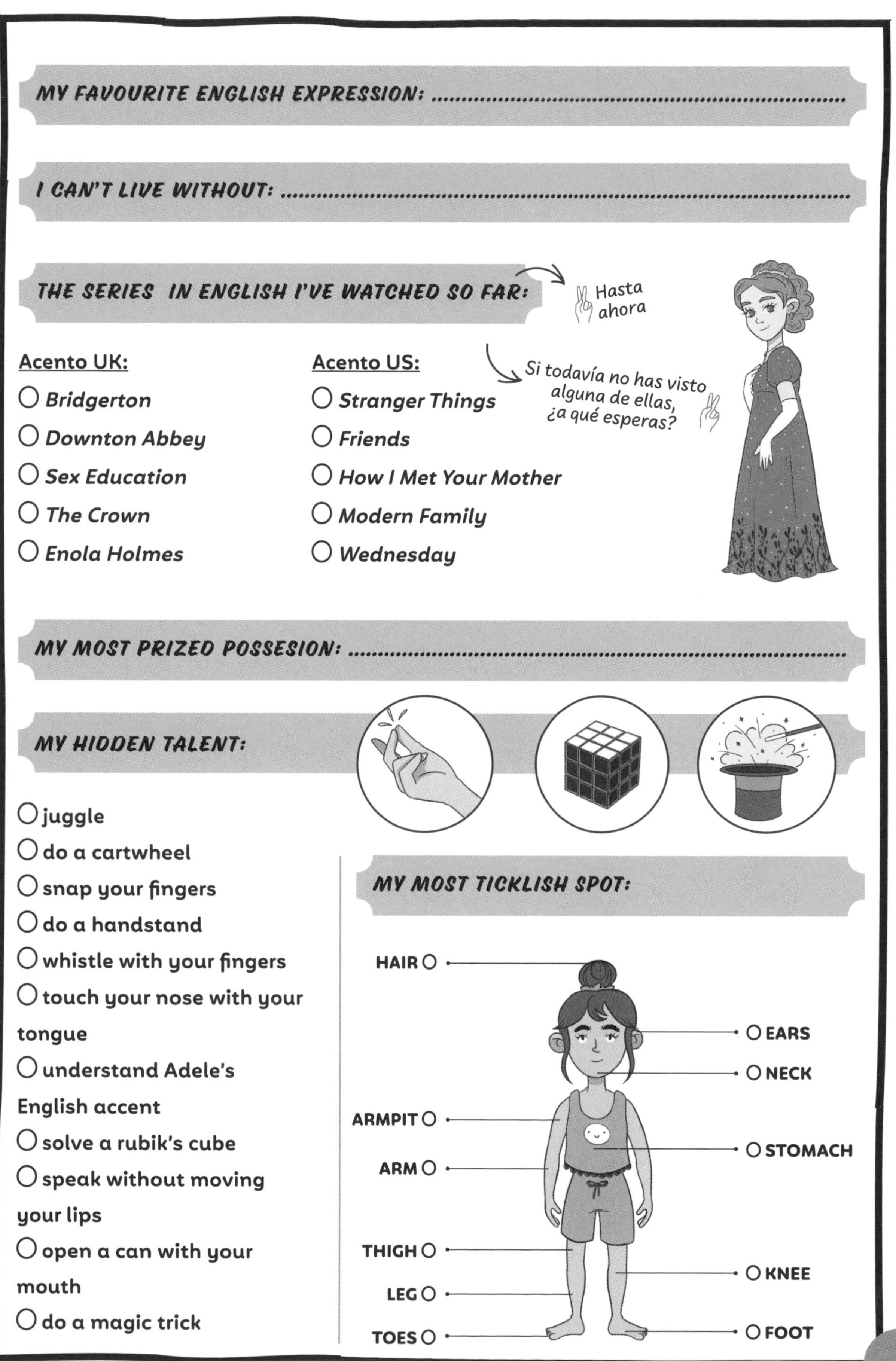

MY FAVOURITE ENGLISH EXPRESSION: ....

I CAN'T LIVE WITHOUT: ....

THE SERIES IN ENGLISH I'VE WATCHED SO FAR:

Hasta ahora

Si todavía no has visto alguna de ellas, ¿a qué esperas?

Acento UK:

- ◯ *Bridgerton*
- ◯ *Downton Abbey*
- ◯ *Sex Education*
- ◯ *The Crown*
- ◯ *Enola Holmes*

Acento US:

- ◯ *Stranger Things*
- ◯ *Friends*
- ◯ *How I Met Your Mother*
- ◯ *Modern Family*
- ◯ *Wednesday*

MY MOST PRIZED POSSESION: ....

MY HIDDEN TALENT:

- ◯ juggle
- ◯ do a cartwheel
- ◯ snap your fingers
- ◯ do a handstand
- ◯ whistle with your fingers
- ◯ touch your nose with your tongue
- ◯ understand Adele's English accent
- ◯ solve a rubik's cube
- ◯ speak without moving your lips
- ◯ open a can with your mouth
- ◯ do a magic trick

MY MOST TICKLISH SPOT:

DOES THIS SOUND LIKE YOU?

Elige los adjetivos que mejor te describan. Be honest!

- ○ brave
- ○ thoughtful
- ○ responsible
- ○ sensitive
- ○ creative
- ○ independent
- ○ smart
- ○ imaginative
- ○ funny
- ○ lively
- ○ passionate
- ○ persistent
- ○ loyal
- ○ generous
- ○ patient
- ○ foolish
- ○ lazy
- ○ rude
- ○ stubborn
- ○ impatient
- ○ dishonest
- ○ selfish
- ○ stingy
- ○ impolite
- ○ grumpy
- ○ arrogant
- ○ impulsive

WHAT DO YOU LOOK LIKE?

¿Sabías que...?
La expresión "what do you look like" se refiere a cómo eres físicamente, mientras que "what are you like?" se refiere a cómo eres de personalidad

HEIGHT
○ tall
○ (of) medium height
○ short

EYES
○ dark ○ narrow
○ wide ○ round ○ blue
○ brown ○ green
○ almond-shaped

NOSE
○ straight ○ pointed
○ prominent ○ long
○ small ○ hooked

BUILD
○ slim ○ slight ○ thin
○ wide ○ corpulent
○ muscular ○ sturdy
○ hefty ○ slender
○ chubby

MOUTH
○ thin ○ full lips
○ crooked lips
○ rosebud lips
○ crooked teeth
○ even teeth

HAIR
○ straight ○ curly
○ wavy ○ blond
○ shiny ○ greasy
○ combed ○ silky
○ short ○ long
○ frizzy ○ bald

WHAT ARE YOUR HOBBIES?

Une los dibujos con cada uno de los hobbies del listado.

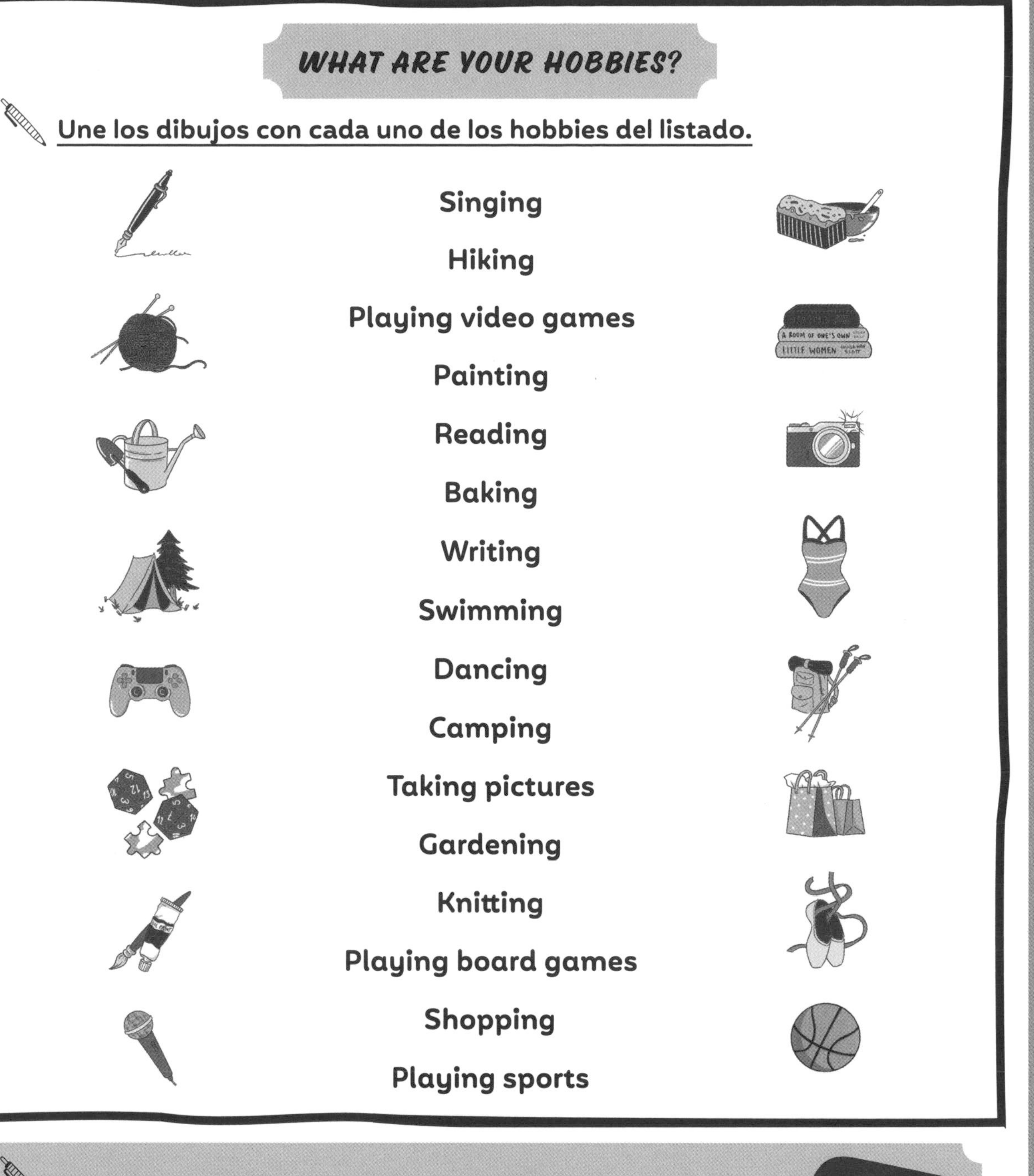

Singing

Hiking

Playing video games

Painting

Reading

Baking

Writing

Swimming

Dancing

Camping

Taking pictures

Gardening

Knitting

Playing board games

Shopping

Playing sports

¿SABÍAS ESTE TRUQUITO?

En inglés existen muchas formas de decir que algo nos gusta o no, o si se nos da bien o mal. ¡Fíjate y une cada frase con su traducción!

- 👍 I'm **into dancing.**
- 👍 Knitting **is my thing.**
- 👎 Doing sports **isn't my cup of tea.**
- 👎 I'm **not a big fan of** cooking.
- 👎 Gardening **is not for me.**
- 👎 I **suck at** playing video games.
- 👍 She **has a way with** writing.

No soy muy fan de cocinar.
Soy malísimo jugando a videojuegos.
Hacer deporte no es lo que más me gusta.
Me mola bailar.
Tejer es lo mío.
Tiene un talento para la escritura.
La jardinería no está hecha para mí.

EL MANIFIESTO DEL TRUQUIBOOK

Este truquibook es mucho más que un libro de actividades. Se trata de un concepto, una forma de vida, un cambio de mentalidad.

Bueno, quizá soy un poco **drama queen**, pero... se entiende lo que quiero decir, ¿verdad? Antes de ponerte a tope con el truquibook, tenemos que familiarizarnos con el manifiesto y seguirlo a rajatabla. ¡Solo así tendremos la experiencia completa! Repite conmigo:

- ◯ **No odiarás el inglés en vano.**
- ◯ **No volverás a escuchar una canción en inglés sin buscar su significado.**
- ◯ **Amarás el inglés de Adele por encima de todas las cosas.**
- ◯ **Te emocionarás cada vez que un guiri te pregunte por una dirección.**
- ◯ **Jamás volverás a ver *Los Bridgerton* en castellano.**
- ◯ **No volverás a decir el típico "sorry for my English".**
- ◯ **Usarás las redes para aprender inglés.**
- ◯ **El *afternoon tea* será tu momento favorito del día.**
- ◯ **La gramática inglesa es amiga, no enemiga.**
- ◯ **Apuntarás algo en tu libretita todos los días.**

YO,.., A DÍA........ DE................ DEL AÑO........, PROMETO CON MI DEDO MEÑIQUE CUMPLIR A RAJATABLA EL MANIFIESTO DEL TRUQUIBOOK.

FIRMADO:

1
VOCABULARIO

Podría haber optado por un test de personalidad típico de las revistas de adolescentes, pero esta vez no voy a preguntarte sobre tus crushes ni sobre tu mejor truquito para ligar (ya verás que todo eso lo aprendemos más adelante, LOL).

¿Tú y Emma Watson seríais BFF? ¿O puede que Chris Hemsworth y tú seáis almas gemelas y todavía no lo sepáis? ¿Te imaginas que Zendaya y tú os llevarais genial?

Completa el test y salgamos de dudas.

¡Todas las opciones son correctas! Tan solo elige la palabra que tú usarías al hablar inglés.

1) INVITAS A EMMA A TU CASA A CENAR Y HAS HECHO GALLETAS DE POSTRE. ¿CÓMO LE DARÍAS LA SORPRESA A LA ACTRIZ?

◯ I made some bikkies!
◯ I made some biscuits!
◯ I made some cookies!

2) ¡DÍA DE SURF CON CHRIS! LLEVAS TU SURFBOARD, TU SUNSCREEN Y... ¿CÓMO DIRÍAS "TRAJE DE BAÑO"?

◯ Swimmers
◯ Swimming costume
◯ Swimsuit

3) PONTE EN SITUACIÓN. ZENDAYA Y TÚ EN LA DISCO DE MODA DE LA CIUDAD. NECESITAS IR AL BAÑO. ¿QUÉ PREGUNTARÍAS?

◯ I need to go to the dunny. Where is it?
◯ Where's the loo?
◯ I need to use the restroom. Where is it?

4) YOU HAVE A SWEET TOOTH, Y EMMA LO SABE. ES TU BFF Y... ¡TE HA COMPRADO UNA BOLSA DE CHUCHES! ¿QUÉ LE DIRÍAS?

◯ Thank you so much! I love lollies.
◯ Thank you so much! I love sweets.
◯ Thank you so much! I love candy.

He's fit!

5) AUNQUE CHRIS TENGA UN BUEN TIPITO, DE VEZ EN CUANDO LE GUSTA PICAR ALGO DE JUNK FOOD. YA SABES: PIZZAS, HAMBURGUESAS... ¡COMO A TODOS! ¿CÓMO LE OFRECERÍAS PATATAS FRITAS?

◯ Do you want some hot chips?
◯ Do you want some chips?
◯ Do you want french fries?

6) ¿SABES ESO DE QUE LOS MEJORES AMIGOS QUEDAN PARA DORMIR LA SIESTA? PUES ESTA VEZ ZENDAYA Y TÚ QUEDÁIS PARA HACER LA COMPRA DEL MES. VAIS A...

- ◯ The supermarket
- ◯ The shops
- ◯ The grocery store

7) A EMMA Y A TI OS PILLA UN DÍA DE LLUVIA DE ESTOS TÍPICOS DE LONDRES. LLEVAS TU BROLLY, TU RAINCOAT Y... ¿CÓMO DIRÍAS BOTAS DE AGUA?

Solo los más British llaman así a su paraguas

- ◯ Gumboots
- ◯ Wellies
- ◯ Rain boots

8) ¡COMIENZA LA FIESTA! EMMA, CHRIS, ZENDAYA Y TÚ OS RECORRÉIS LOS MEJORES SITIOS DEL CENTRO. PERO PRIMERO VAIS A... ¿CÓMO LLAMAS A LA TÍPICA TIENDA DONDE PUEDES COMPRAR ALCOHOL A CUALQUIER HORA?

- ◯ Bottle shop
- ◯ Off licence
- ◯ Liquor store

9) LAS CALLES DE NUEVA YORK SON UNA LOCURA. HAY MUCHA GENTE Y LOS COCHES VAN RAPIDÍSIMO, ASÍ QUE ZENDAYA TE DICE QUE CAMINES POR LA ACERA:

- ◯ Walk on the footpath!
- ◯ Walk on the pavement!
- ◯ Walk on the sidewalk!

¿Sabías que...?
En inglés hay varios términos para referirnos a las celebrities. Están los A-listers (los de la lista A, literalmente), que son los más famosos de todos. Después están los B-listers, C-listers, D-listers... ¡Hasta incluso la Z!

10) ¡LA NOCHE DE LOS OSCAR! TÚ Y TU GRUPITO DE A-LISTERS LLEGÁIS TARDE. ¡TENÉIS QUE IR POR LA AUTOPISTA O NADA! ¿CÓMO SE LO PEDIRÍAS AL CONDUCTOR?

- ◯ Get on the freeway!
- ◯ Get on the motorway!
- ◯ Get on the highway!

Taylor Swift usa esta última expresión en su canción "Paris". ¡Escanea el código QR para escucharla en nuestra playlist!

MAYORÍA DE A

¡Tus respuestas me llevan a la conclusión de que tu inglés es de Australia! ¿Has vivido allí alguna vez? ¿Tienes un amigo canguro? Sea lo que sea, estoy segura de que tú y el australiano **Chris Hemsworth** tenéis un inglés tan parecido que seríais uña y carne. Pero ¿sabes qué es lo mejor de todo? Que, según indican algunos estudios, también tienes una alta probabilidad de congeniar con Hugh Jackman, Nicole Kidman o Margot Robbie. **Good on ya, mate!**

Be thick as thieves

¡Esta expresión la encuentras en nuestra lista de Spotify! Escanea el código QR y escucha "Vigilante Shit", de Taylor Swift.

Una auténtica expresión australiana donde las haya

MAYORÍA DE B

Oye, no te asustes si la próxima vez que vayas a Londres tienes que ir por ahí enseñando tu DNI para probar que no eres Emma Watson. ¡Vuestro inglés es igual! Tan British que podríamos pasar horas escuchándoos hablar. ¿Qué será lo próximo? ¿*Afternoon teas* con el príncipe de Gales? ¿Escribir la próxima secuela de *Harry Potter*? Pase lo que pase, soy tu fan. Otros A-listers con los que te llevarías genial por tu inglés: Tom Hiddleston, Tom Holland, Kate Winslet... ¿Qué más se puede pedir?

MAYORÍA DE C

Tu inglés es más estadounidense que Bruce Springsteen, que no es poco. Hay una alta probabilidad de que hayas sido prom king o prom queen, hayas hecho la ruta 66 o te hayas casado en Las Vegas. Y esto no lo digo yo, lo dicen las estadísticas de las más prestigiosas universidades del país, eh. Si tienes el mismo inglés que Taylor Swift, Leo DiCaprio o Selena Gomez... ¿Qué más te voy a decir yo a ti? Ya te has pasado el juego de la vida. **Congrats, dude!**

El rey o la reina del baile del instituto

MILLENNIALS CORNER

Si has nacido entre los años 1981 y 1997 como yo, significa que podemos considerarnos **millennials** por definición. Según internet, estas son algunas de las características que nos representan. ¿Estás de acuerdo con ellas?

HIGHLY QUALIFIED
SUPER CONNECTED
OPEN AND ADAPTIVE TO CHANGE
TRUQUITO LOVERS

Vale, esta es de mi cosecha. Pero no ando desencaminada, ¿verdad?

Esta generación también se caracteriza por usar algunos de los términos **slang** en inglés más icónicos y divertidos.

¿La cosa? No me acuerdo de qué significan. ¿Me ayudas a unir cada tweet millennial con su definición?

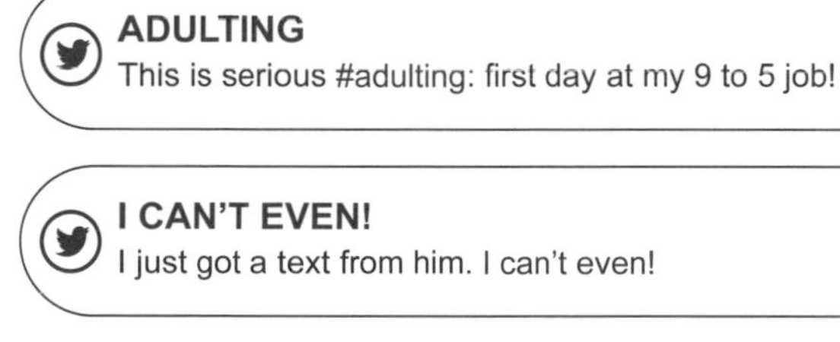

ADULTING
This is serious #adulting: first day at my 9 to 5 job!

I CAN'T EVEN!
I just got a text from him. I can't even!

FLEEK
My new haircut is totally on fleek. I love it!

SQUAD
I have the coolest squad! #squadgoals

EXTRA
My best friend always makes sure her insta feed looks perfect. She can be so extra sometimes!

BINGE-WATCH
My bf and I just binge-watched Breaking Bad!

TEA
I'm bringing the tea! Kim Kardashian just divorced Kanye

Esta expresión significa que algo es muy bueno o muy malo, depende del contexto. Podríamos traducirla por "¡Es que no puedo!".

Ser excesivo, hacer demasiado, muchas veces para impresionar.

Hacer cosas de adultos, como pagar impuestos o poner la lavadora.

Ser perfecto, verse bien. Su sinónimo es *on point*.

Cotilleo del bueno, o como diríamos nosotros: "salseo".

Hacer una maratón de una serie.

Tu grupo de amigos.

Lo verás sobre todo en canciones o por escrito en redes sociales, no se usa tanto en conversación

LOVE IS IN THE AIR...

En el cole aprendemos muchas cosas en inglés...
Pero ¿acaso nos preparan para lo realmente importante? ¿Y si de repente un día de viaje en Londres conocemos al amor de nuestra vida y queremos pedirle el número?
¿O qué pasa si esa chica tan guapa de la barra es guiri
y quieres ligar con ella?

NO SÉ, RICK, DEMASIADOS INTERROGANTES.

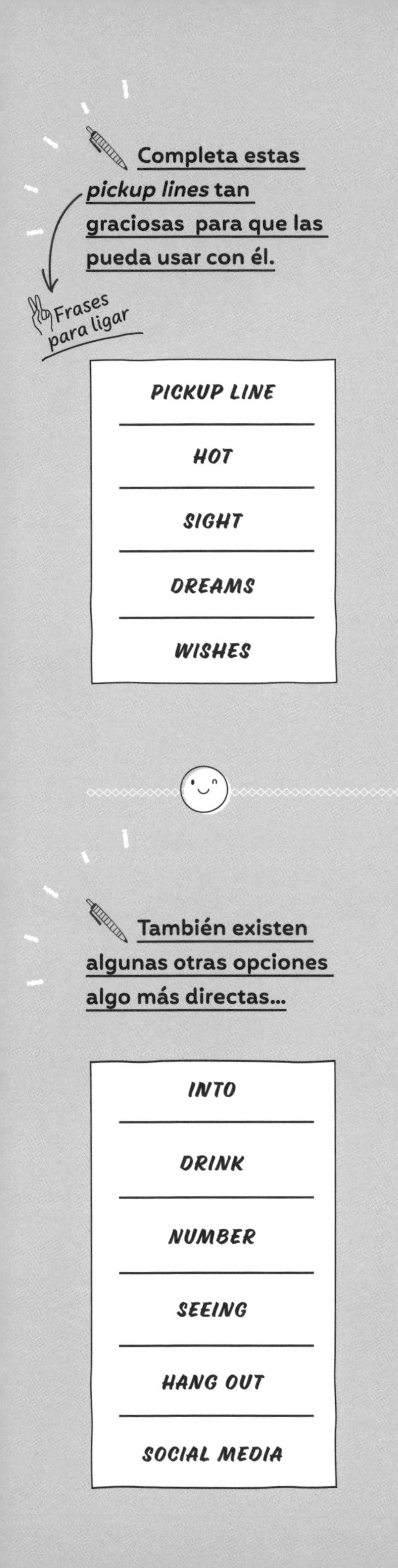

Completa estas *pickup lines* tan graciosas para que las pueda usar con él.

Frases para ligar

PICKUP LINE
HOT
SIGHT
DREAMS
WISHES

The Guiri of my dreams

Do you believe in love at first .... or should I walk by again?

Well, here I am. What are your other two ....?

Did you just come out of the oven? Because you're ....

I believe in following my .... What's your Instagram?

You're so beautiful that you made me forget my ....

También existen algunas otras opciones algo más directas...

INTO
DRINK
NUMBER
SEEING
HANG OUT
SOCIAL MEDIA

The Guiri of my dreams

Can I get your ....?

Maybe we could get something to .... sometime!

Are you on ....?

Can I add you? I want to .... sometime.

I'm totally .... you.

Are you .... anyone lately?

NUNCA SE SABE

Hay quien piensa que un fracaso es el antecesor de un triunfo,
y si no que se lo digan a los siguientes personajes:

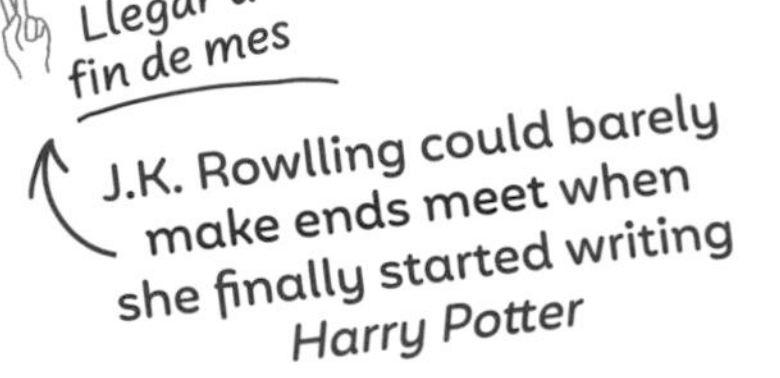

Jennifer Lawrence auditioned for the role of Serena van der Woodsen on *Gossip Girl* but didn't get it in the end

Hizo la audición para

Steve Jobs was fired from his own company in 1985

Fue despedido

La lectura que podemos sacar de estos "fracasos" es que en esta vida hay que levantarse, **my dear**. Lo mismo ocurre con el inglés. Puede que haya veces en las que sientas que estás **stuck** y que no avanzas con el idioma, pero lo importante es tener el objetivo en mente:

Hora de reflexionar. Escribe a continuación una carta en inglés a tu yo del futuro contándole todo lo que has logrado hasta ahora. Usa el vocabulario de la siguiente página.

Dear future me,

CHECK CON LAS EXPRESIONES QUE HAS USADO.

RESUME TU VIDA A DÍA DE HOY

- ○ I thought I'd write to tell you about our amazing achievements...
- ○ Just thought I'd drop you a line to tell you that...
- ○ I'm currently working as a...

HABLA SOBRE TRES DE TUS MIEDOS E INSEGURIDADES

- ○ One of my biggest insecurities today is... but I'm on working on it doing...
- ○ I still struggle a bit to...
- ○ A big fear of mine is...

HABLA SOBRE TRES VIRTUDES QUE TENGAS

- ○ One skill I'm really proud of is...
- ○ I'm really good at...
- ○ I really care about...

COMENTA TUS OBJETIVOS Y GOALS PARA EL FUTURO

- ○ I'm determined to...
- ○ I'm thinking about...
- ○ I'm counting down the days to...

DATE UN CONSEJO

- ○ I really think we should...
- ○ Make sure we...
- ○ A piece of advice from me that I'd like to pass on is to...

PREGÚNTATE ALGO QUE QUIERAS SABER

- ○ Do you enjoy your job?
- ○ If you could change one thing about your life, what would it be?
- ○ Who is the most important person in your life?

Love,

EN BUSCA DE LA TRADUCCIÓN

¿PUEDES AYUDARME A DESCIFRAR LA PALABRA *INTRADUCIBLE*?

Lo bonito de los idiomas es que cada uno tiene una forma única de expresar conceptos. Tan única, de hecho, que a veces el inglés tiene palabras que son intraducibles al castellano.

¿Me ayudas a descubrir cada una de las expresiones? Tengo las letras de cada una de ellas, pero ¡necesito ordenarlas!

EPCAMFAL

SOPAPO EN LA CARA: **es todo un concepto. Se trata de una bofetada que te das en la cara por vergüenza, indignación o incredulidad. Lo vas a ver mucho en memes.**

USRCH

....

AMOR PLATÓNICO: **esta palabra en inglés es tan característica que la hemos incorporado a nuestro día a día en castellano. Significa tener un amor platónico.**

OKCL

....

CERRAR CON LLAVE: **no hay ninguna palabra en español que exprese su significado. Lo más cercano es la frase "cerrar con llave".**

RHTAE

....

ODIADOR: **alguien que critica mucho a otra persona o cosa. Es tan característica que también la hemos incluido en nuestro vocabulario en castellano.**

IRPEOLS

....

JODEFINALES: **¿sabes cuando alguien te cuenta el final de la serie que estás viendo? ¡Te lo arruina todo!**

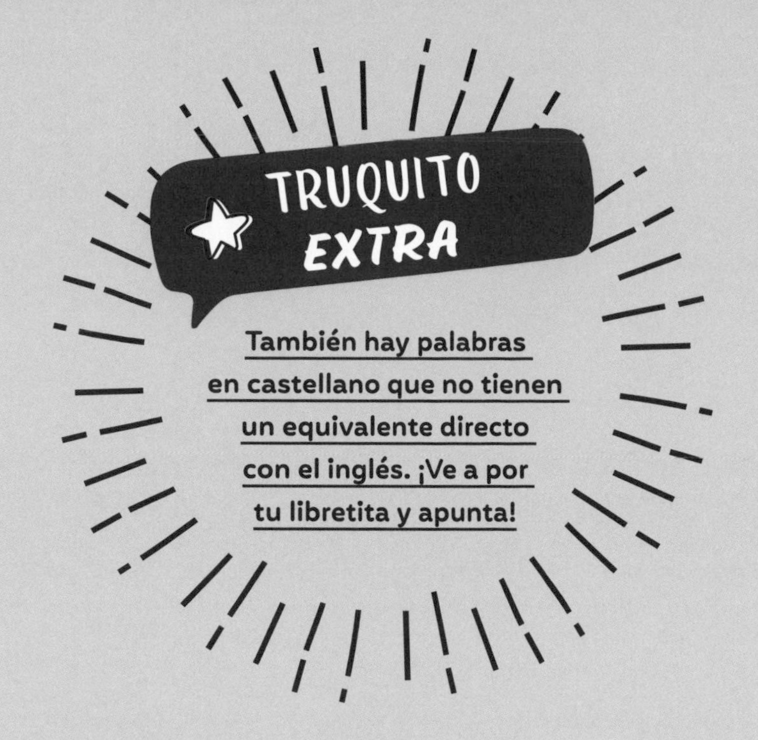

SOBREMESA: Esa charla infinita acompañada de café después de la comida.	TABLE CHAT, SIT AROUND THE TABLE AFTER LUNCH OR DINNER
TUTEAR: Dirigirse a alguien de "tú".	ADDRESS INFORMALLY, ADDRESS AS "TÚ"
ESTRENAR: Llevar algo por primera vez.	WEAR SOMETHING FOR THE FIRST TIME
MADRUGAR: Levantarse temprano.	WAKE UP EARLY
FRIOLERO: Alguien muy sensible al frío.	BE SENSITIVE TO COLD

BON APPÉTIT!

¡Así matamos dos pájaros de un tiro! That way we'll kill two birds with one stone

Tengo que admitir que lo mío son los truquitos, no las recetas.
Así que he pensado que es hora de practicar mis **cooking skills**
y poner a prueba tu inglés.

Existen un sinfín de alternativas que le pueden dar a tu inglés la vidilla que necesita.
¿Verdad que en castellano podemos usar muchas expresiones distintas
para saludar a alguien? Desde el típico *hola* hasta los habituales
¿qué pasa?, ¿qué tal todo?, ¿cómo te va la vida?

Pues en inglés, lo mismo, **my dear**. Existen un sinfín de alternativas
que pueden darle esa chispita a tu inglés.

¿Serías capaz de encontrarlas en esta sopa de letras tan rica que te he preparado? Con algunas expresiones tendrás una pista.

ALTERNATIVAS A CONGRATULATIONS

- **Way** ....
- **Hats** ....
- **Right** ....
- **Nice** ....
- **Props** ....

ALTERNATIVAS A YOU'RE WELCOME

- **It's** ....
- ....
- **Not** ....
- **No** ....
- **No** ....
- **You** ....

ALTERNATIVAS A THANK YOU

- You ....
- I ....
- I ....
- I can't thank ....
- It means the ....
- That's so ....

ALTERNATIVAS A STOP IT!

- Cut it ....
- ....
- Give it ....
- Give me ....
- Quit ....

ALTERNATIVAS A HOW ARE YOU?

- How are ....?
- What's ....?
- How's ....?
- How's it ....?
- How are you ....?

Sé que es lo típico que se suele decir, ¡pero lo digo en serio! Te sorprenderá saber que en inglés podemos usar muchas palabras para describir los tipos de miradas que existen. Isn't it that beautiful?

Conocer este tipo de vocabulario es lo que marca la diferencia.

¡UN PUNTO DE VIDILLA MÁS PARA TU INGLÉS!

Une cada tipo de mirada con su nombre en inglés.

Echarle un vistazo rápido a algo	STARE	Mirar a alguien o algo con admiración, sorpresa o de forma pensativa
	OBSERVE	
Mirar a alguien o algo con sigilo	GAZE	Mirar fijamente a algo o alguien
	GLARE	
Mirar a alguien o algo con enfado	PEEP	Observar con atención
	GLANCE	

¿Te suena esta expresión? Escanea el código QR de nuestra lista de Spotify y escucha "Vogue", de Madonna. Strike a pose! ¡Haz una pose!

LA PASARELA

Strike a pose! Estos **supermodels** sueñan con triunfar en la industria de la moda, pero todavía les queda mucho camino por recorrer. ¡Mira qué formas de caminar tienen!

¿Puedes unir cada palabra con su dibujo?

Caminar dando saltitos

Andar de puntillas

Caminar de forma lenta y pesada

2 ***PLOD***

5 ***TIPTOE***

Caminar con confianza y estilo, a veces de forma altiva

Caminar cojeando

Caminar tambaleándose

BEST FRIENDS FOREVER

Llevarse divinamente

¿Sabías que existen palabras en inglés que se llevan **like a house on fire?** Que sí, que no es broma. Hay palabras que se gustan tanto que cuando quedan entre ellas hay una conexión tan grande que pueden llegar a formar una palabra nueva. Como lo lees.

Bueno, esta es mi teoría. Otros más aburridos te dirán que este fenómeno gramatical se llama **compound words** y que son palabras que cuando se unen forman otra distinta.

NO SÉ TÚ, PERO YO ELIJO CREER LA PRIMERA OPCIÓN.

Mira estos ejemplos:

¿Puedes averiguar la palabra que sale de cada par de imágenes?

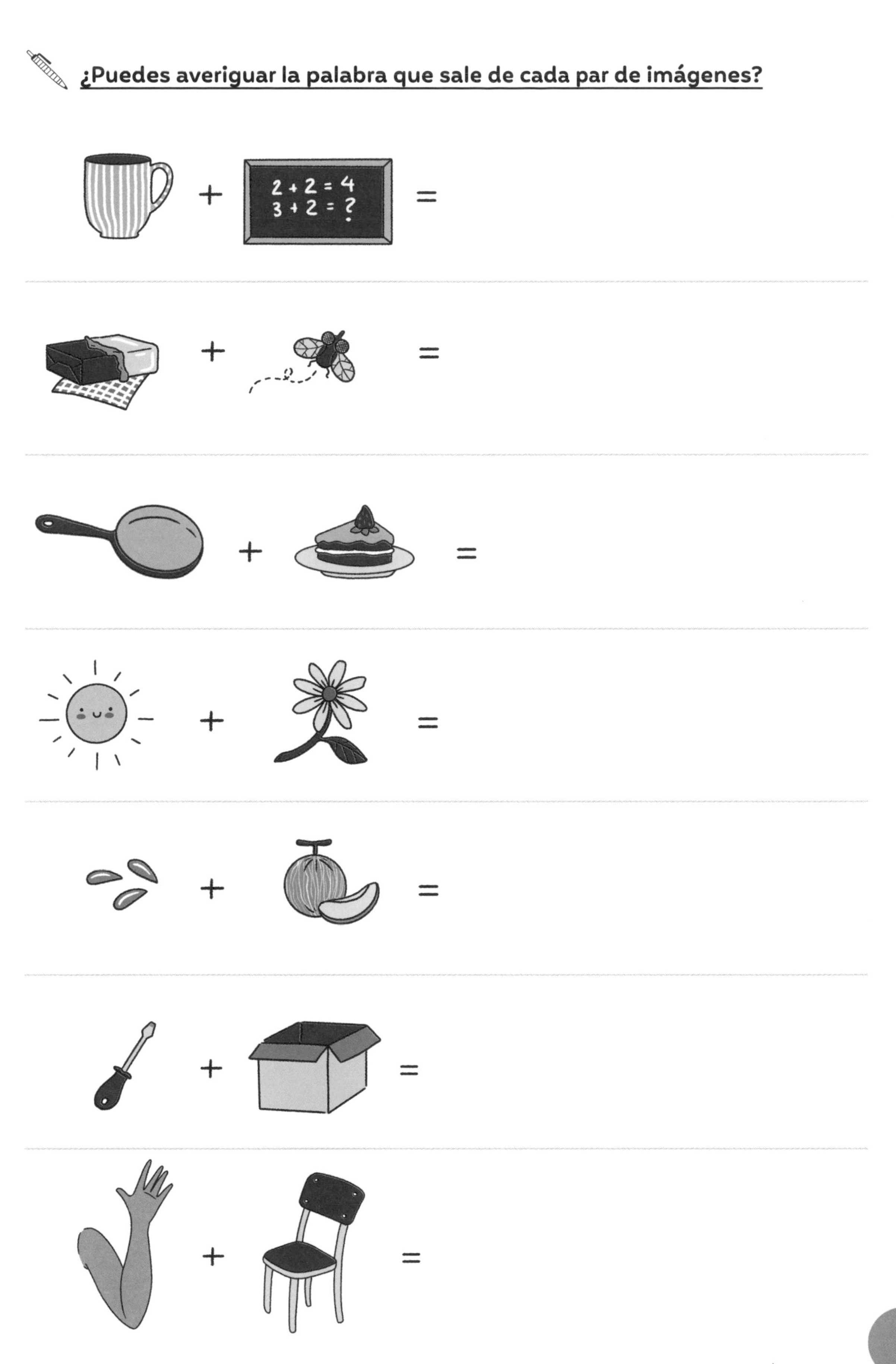

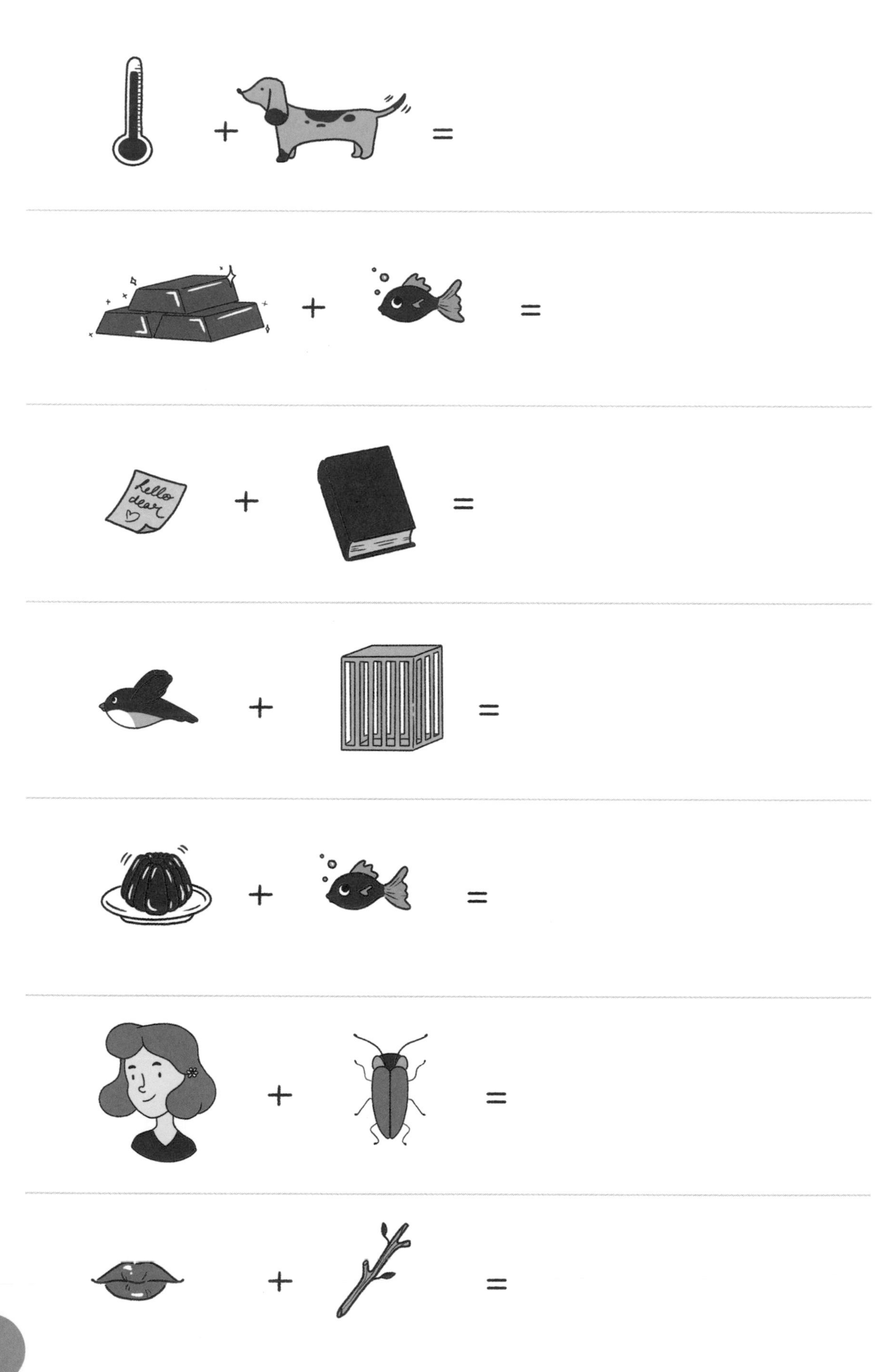
hello
dear

¿ESTO ES INGLÉS?

¿Te acuerdas del guiri este tan guapo que conocí en el bar (bueno, en realidad algunas actividades atrás)? ¡Pues no te lo vas a creer! El otro día me invitó a cenar y... digamos que la comunicación se complicó un poco. Creo que me debe de estar enviando mensajes en clave o algo por el estilo... Si no, ¿qué significan esas palabras tan raras que me dice?

Necesito tu ayuda, my dear. Mi felicidad depende de esto.

¿Sabrías descifrar estos acrónimos en inglés que me escribe el guiri? ¡Mira que son difíciles estos ingleses! Probablemente necesites ayuda de nuestro querido San Google.

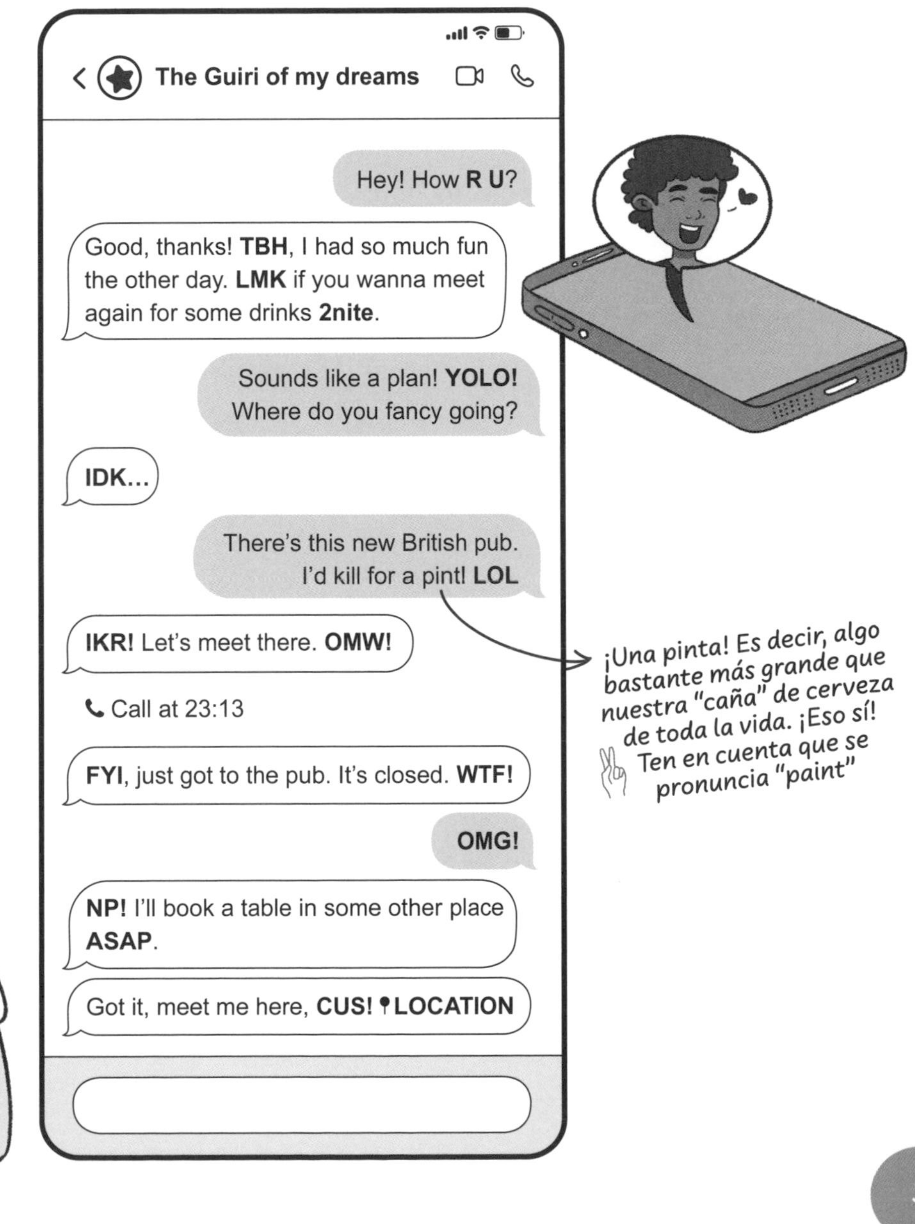

2
EXPRESIONES

NOS PONEMOS PROFUNDOS

No sé tú, my dear, pero siento que esta relación entre tú y yo está yendo viento en popa. No me gustaría ponerle etiquetas a esto todavía, aunque creo que es el momento de abrirse y conocernos un poco mejor.

Our relationship is going strong

Venga, que empiezo yo.

A continuación, te voy a hacer una serie de preguntas de esas que te hacen pensar. ¡Ojo! Cada una contiene un idiom en inglés. Primero, completa la palabra que falta con la ayuda de la ilustración y después contesta de la forma más sincera posible. Let's open up our hearts!

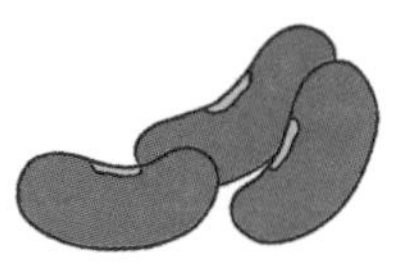

ARE YOU GOOD AT KEEPING SECRETS, OR DO YOU EASILY SPILL THE ....?

(¿Se te da bien guardar secretos o te vas de la lengua fácilmente?)

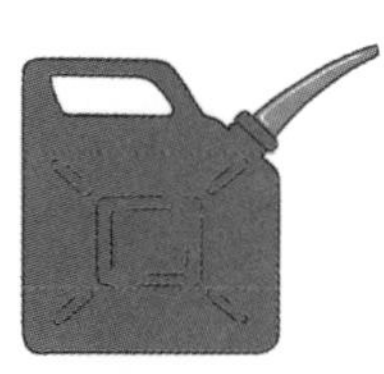

DESCRIBE A TIME WHEN YOU HAD TO BURN THE MIDNIGHT ....

(Describe una ocasión en la que tuvieras que trabajar o estudiar hasta muy tarde)

NAME A TIME YOU WENT THE EXTRA .... FOR SOMEONE.

(Cuéntame una ocasión en la que te esforzaste al máximo por otra persona)

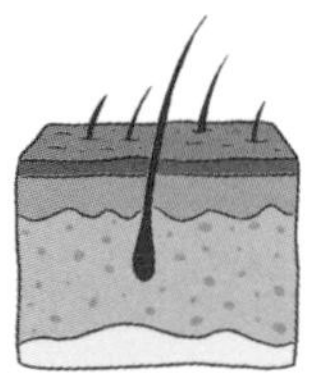

WHAT IS SOMETHING THAT GETS UNDER YOUR ....?

(¿Qué te saca de quicio?)

UNA CANCIÓN Y SU EXPRESIÓN

No te voy a mentir, estoy sonriendo mientras escribo esta **truquiactivity**.
Las canciones y el inglés **are my thing** y a partir de ahora quiero que sientas exactamente lo que siento yo cuando aprendo una nueva expresión en inglés gracias a una canción.

Cada frase que ves a continuación es el título de algunas de mis canciones favoritas y da la casualidad de que también son expresiones muy útiles en inglés. Vamos a hacer algo: une cada título de la canción con su significado y acto seguido escanea el código QR para escucharla. ¡Ya no se te olvidará su significado!

BAD BLOOD

What happened in the past is not important anymore.

BEAT IT!

An impassive expression that hides one's true feelings.

WILDEST DREAMS

A sarcastic response to someone who is expressing sadness or constantly complaining.

CRY ME A RIVER

Better or more than someone had ever thought possible.

POKER FACE

To change a situation so you gain an advantage over someone.

TURNING TABLES

Feelings of hate between people because of arguments in the past.

TAKE A BOW

An informal way of saying "Go away!".

BE WATER UNDER THE BRIDGE

Used to say that someone deserves to be praised and recognized.

IDIOMS MUSICALES

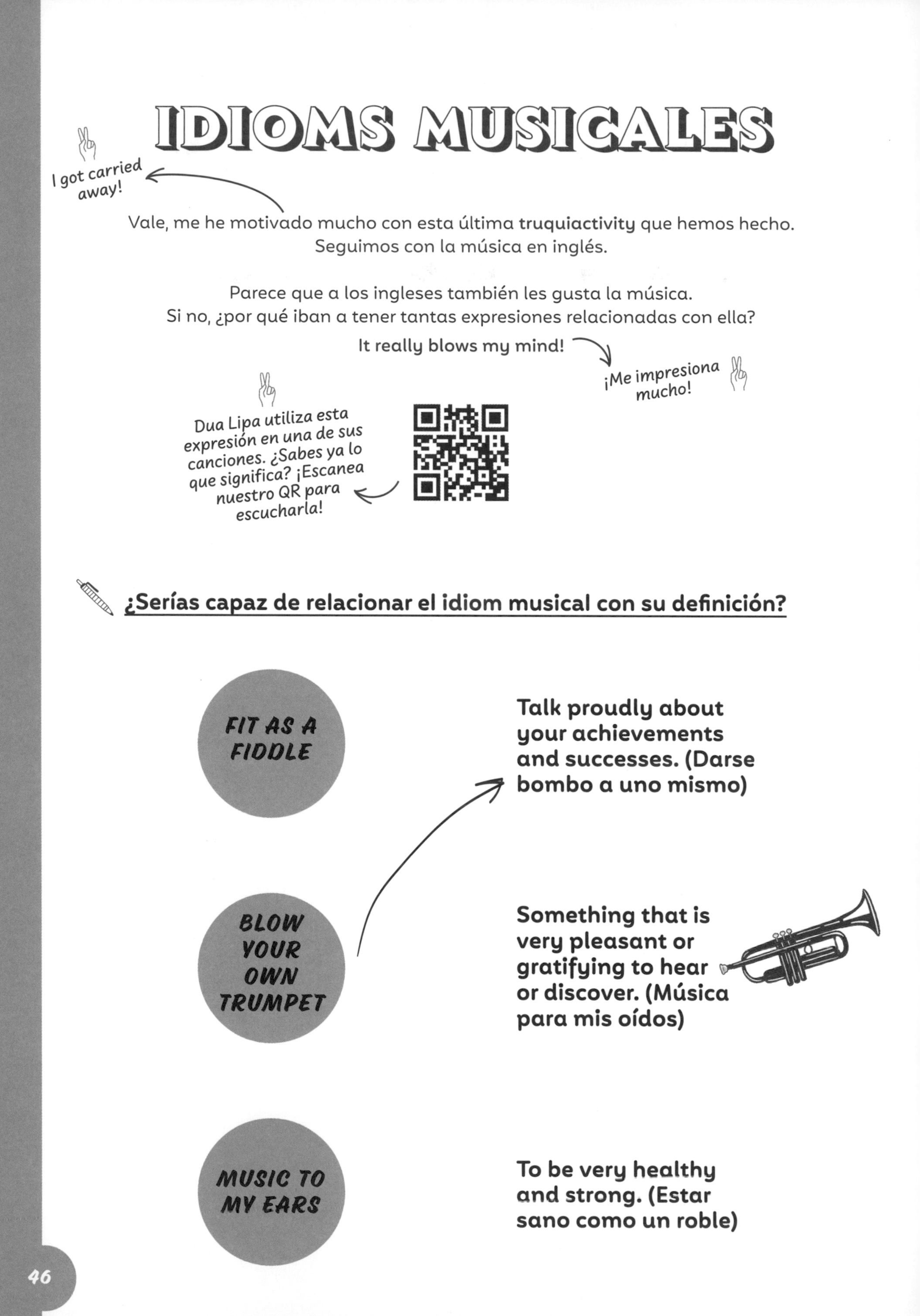

Vale, me he motivado mucho con esta última **truquiactivity** que hemos hecho. Seguimos con la música en inglés.

Parece que a los ingleses también les gusta la música. Si no, ¿por qué iban a tener tantas expresiones relacionadas con ella?

It really blows my mind!

¿Serías capaz de relacionar el idiom musical con su definición?

Talk proudly about your achievements and successes. (Darse bombo a uno mismo)

Something that is very pleasant or gratifying to hear or discover. (Música para mis oídos)

To be very healthy and strong. (Estar sano como un roble)

To accept unpleasant consequences. (Apechugar con las consecuencias)

Make something more interesting, lively, or exciting. (Darle vidilla a algo)

To be in control of a situation and make all the important decisions. (Llevar el cotarro)

To do something without special preparation. (Improvisar)

To say the same things over and over again. (Ser un disco rayado)

The final activity or performance of a person's career. (Canción de despedida)

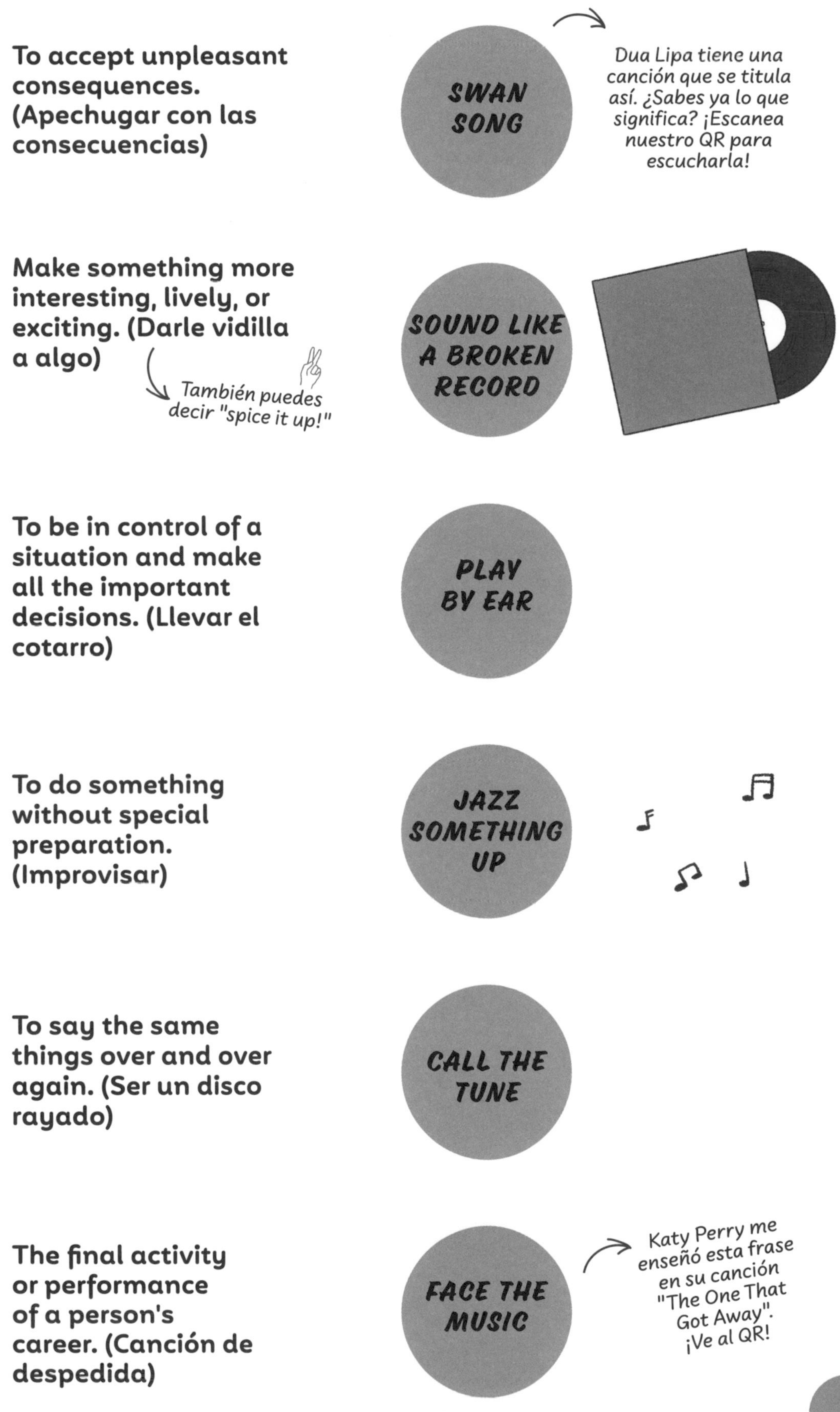

INSTAGRAM VS. REAL LIFE

¿Sabes eso de que lo que mostramos a los demás en nuestro perfil de Instagram no tiene nada que ver con la realidad? Pues yo desconozco si es verdad o no, pero sí sé de algunos **idioms** cuyo significado literal no tiene nada que ver con el de la realidad.

Me explico:

Hold your horses literalmente quiere decir "para tus caballos", pero lo que en realidad viene a significar es que "pares el carro", que te tranquilices.

Pues así con todos.

Estos idioms influencers se han dejado llevar demasiado por las redes y no hacen más que subir posts un poco liosos. ¿Podrías descubrir qué quiere decir en realidad cada uno? Escribe los números de los posts en los correspondientes significados reales. ¡Que no nos engañen más!

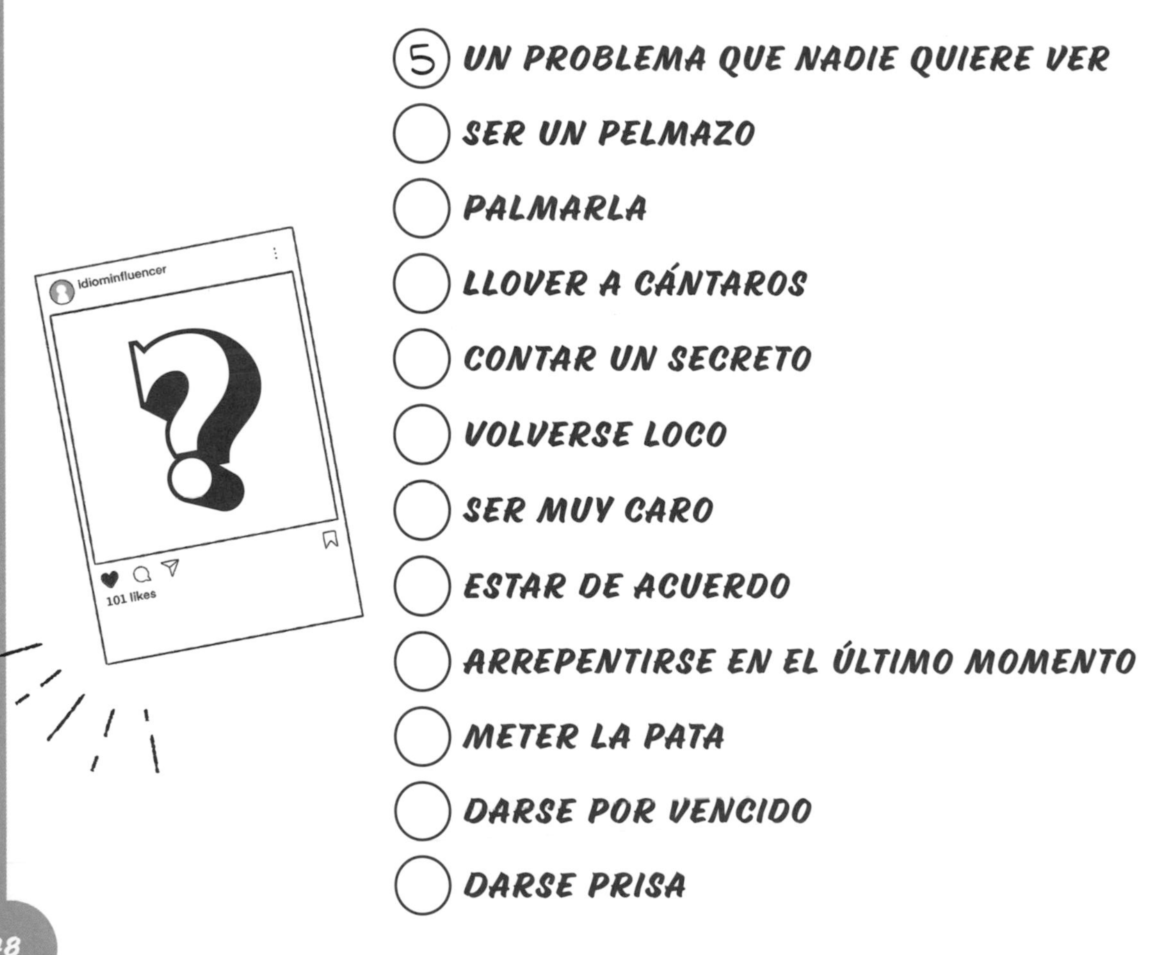

- (5) UN PROBLEMA QUE NADIE QUIERE VER
- ( ) SER UN PELMAZO
- ( ) PALMARLA
- ( ) LLOVER A CÁNTAROS
- ( ) CONTAR UN SECRETO
- ( ) VOLVERSE LOCO
- ( ) SER MUY CARO
- ( ) ESTAR DE ACUERDO
- ( ) ARREPENTIRSE EN EL ÚLTIMO MOMENTO
- ( ) METER LA PATA
- ( ) DARSE POR VENCIDO
- ( ) DARSE PRISA

KICK THE BUCKET

SPILL THE BEANS

LOSE YOUR MARBLES

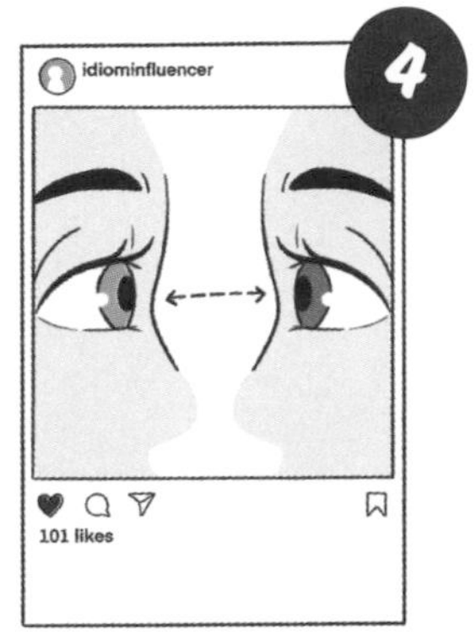

SEE EYE TO EYE

ELEPHANT IN THE ROOM

THROW IN THE TOWEL

SHAKE A LEG

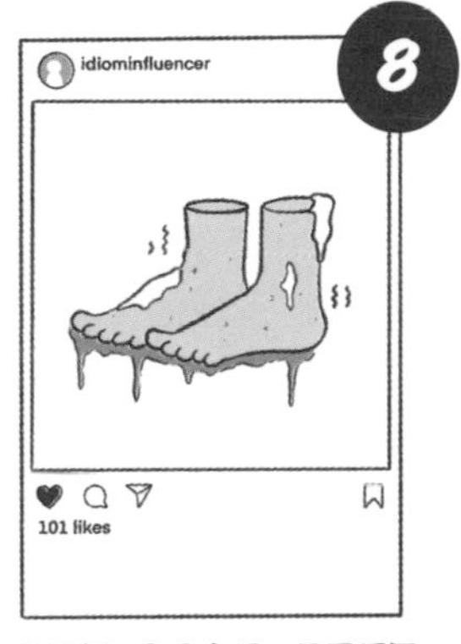

GET COLD FEET

BE A PAIN IN THE NECK

PUT YOUR FOOT
IN YOUR MOUTH

IT'S RAINING
CATS AND DOGS

COST AN
ARM AND A LEG

BINOMIAL IDIOMS

Aunque su nombre suene un poco serio, los **binomial idioms**
no son más que expresiones unidas entre sí por una conjunción.
Y, lo más importante, siempre siguen el mismo orden.

Ya sabes: and, to, with, or...

Me explico:

En castellano oímos a menudo la expresión *damas y caballeros.*
¿A que sonaría un poco antinatural decir *caballeros y damas*?
Pues en inglés ocurre lo mismo. Decir **gentlemen and ladies** sonaría poco natural.
En su lugar decimos siempre **ladies and gentlemen.**

Completa las siguientes frases con una de las frases que están en el saquito de binomials.

BITS AND PIECES
SICK AND TIRED
BACK AND FORTH
COME AND GO
GIVE AND TAKE
ON AND OFF
THE INS AND OUTS
UPS AND DOWNS
SAFE AND SOUND
OUT AND ABOUT

Entresijos o particularidades

→ ***HE'S AN EXPERT, HE KNOWS ALL .... OF HIS PROFESSION.***
(Es un experto, conoce todos los entresijos de su profesión)

Dar y recibir

→ ***THERE'S .... IN EVERY HAPPY AND HEALTHY RELATIONSHIP.***
(En toda relación sana y feliz hay que dar y recibir)

De aquí para allá

→ ***CLARA'S ALWAYS ...., SHE'S A BUSY WOMAN!***
(Clara siempre está de un lado para otro, ¡es una mujer ocupada!)

Altibajos

→ ***THEIR MARRIAGE HAS BEEN THROUGH SOME .... LATELY.***
(Su matrimonio ha pasado por algunos altibajos últimamente)

Van y vienen

→ ***BOYFRIENDS ...., BUT FRIENDS ARE FOREVER!***
(Los novios van y vienen, ¡pero los amigos son para siempre!)

Pedacitos

→ ***THERE WERE BROKEN .... OF GLASS ALL OVER THE KITCHEN FLOOR.***
(Había pedacitos de cristal por todo el suelo de la cocina)

Estar de idas y venidas

→ ***MILEY CYRUS HAS BEEN .... WITH LIAM HEMSWORTH FOR YEARS.***
(Miley Cyrus ha estado de idas y venidas con Liam Hemsworth durante años)

Sano y salvo

→ ***YOU'RE .... NOW! THERE'S NO NEED TO WORRY.***
(¡Estás sano y salvo ya! No hay que preocuparse)

Hasta la coronilla

→ ***I'M GETTING .... OF ALL THIS DRAMA!***
(¡Estoy hasta la coronilla de todo este drama!)

De un lado a otro

→ ***SHE PACED .... AROUND THE ROOM.***
(Andaba de aquí para allá por la habitación)

FANCY A CUPPA?

Saber preparar una buena taza de té es indispensable para poder vivir una vida **British**. Bueno, lo mismo no hay que exagerar tanto, pero te confieso que yo he sido de las que calentaba el agua del té en el microondas. ¡Ni sabía lo que era una **kettle**!

Tetera para hervir agua

Esos días han llegado a su fin. Vamos a aprender a preparar un **cup of tea** como es debido, ¡hombre!

Ordena los pasos a seguir para que tu taza de té sorprenda a cualquier British que se precie y completa los huecos con la palabra clave que falta.

- ◯ **Before you serve the tea, remove the teabag from the pot.**
- ◯ **Add the boiling water.**
- ◯ **Stir the tea.**
- ◯ **Put a teabag in the cup.**
- ◯ **Heat the kettle and boil the water.**
- ◯ **Enjoy your super British tea!**
- ◯ **Fill the kettle with fresh water, forget about tap water! (Unless you're from Madrid).**
- ◯ **Add a dash of milk.**
- ◯ **Let it brew for 2 minutes.**

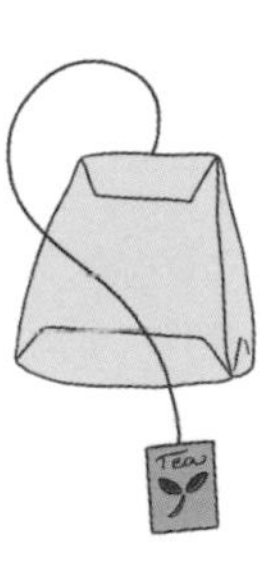

Por último, para completar la experiencia vamos a conocer a continuación los idioms con más teína que existen en inglés. ¿Puedes unir las siguientes expresiones con su significado?

NOT FOR ALL THE TEA IN CHINA!	HACER UNA MONTAÑA DE UN GRANO DE ARENA
FANCY A CUPPA?	NO ES LO MÍO
BE A STORM IN A TEACUP	¿TE APETECE UNA TAZA DE TÉ?
IT'S NOT MY CUP OF TEA	¡POR NADA DEL MUNDO!

¿QUIÉN DIJO QUÉ?

Las películas en inglés no solo sirven para aprender truquitos, sino que también son una fuente inagotable de sabiduría.

Citas

¿Sabrías traducir las siguientes quotes famosas de películas en inglés y después añadir el número a su imagen correspondiente?

Me importa un bledo

3 **"FRANKLY, MY DEAR, I DON'T GIVE A DAMN"**

....

El verbo keep siempre va seguido de un segundo verbo en gerundio, es decir, acabado en la terminación -ing. Esta construcción también se puede traducir por "no parar de", por ejemplo: Mom! My sister keeps insulting me! (Mamá, ¡mi hermana no para de insultarme!)

4 **"JUST KEEP SWIMMING"**

....

¿Conoces la diferencia entre like y as? Ambas se traducen por "como", pero like tiene el sentido de "igual que algo", y as, el sentido de "con el rol de algo"

5 **"THERE'S NO PLACE LIKE HOME"**

....

6 **"MY MAMA ALWAYS SAID LIFE WAS LIKE A BOX OF CHOCOLATES. YOU NEVER KNOW WHAT YOU'RE GONNA GET"**

Esta expresión quiere decir "nunca se sabe"

....

....

....

DIRTY DANCING ◯

FORREST GUMP ◯

FINDING NEMO ◯

STAR WARS ◯

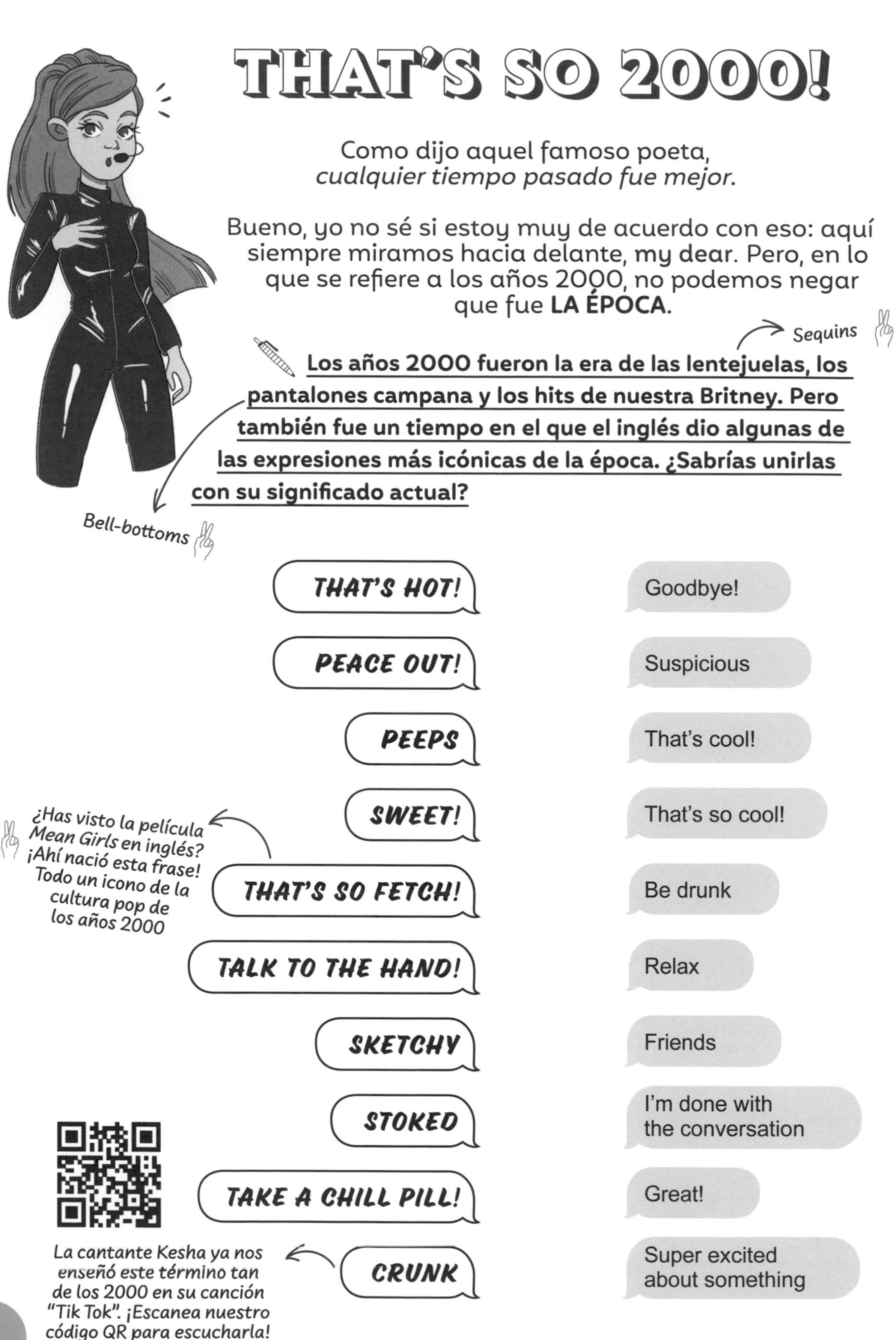

THAT'S SO 2000!

Como dijo aquel famoso poeta,
cualquier tiempo pasado fue mejor.

Bueno, yo no sé si estoy muy de acuerdo con eso: aquí siempre miramos hacia delante, my dear. Pero, en lo que se refiere a los años 2000, no podemos negar que fue **LA ÉPOCA**.

Sequins

Los años 2000 fueron la era de las lentejuelas, los pantalones campana y los hits de nuestra Britney. Pero también fue un tiempo en el que el inglés dio algunas de las expresiones más icónicas de la época. ¿Sabrías unirlas con su significado actual?

Bell-bottoms

THAT'S HOT!	Goodbye!
PEACE OUT!	Suspicious
PEEPS	That's cool!
SWEET!	That's so cool!
THAT'S SO FETCH!	Be drunk
TALK TO THE HAND!	Relax
SKETCHY	Friends
STOKED	I'm done with the conversation
TAKE A CHILL PILL!	Great!
CRUNK	Super excited about something

¿Has visto la película Mean Girls en inglés? ¡Ahí nació esta frase! Todo un icono de la cultura pop de los años 2000

La cantante Kesha ya nos enseñó este término tan de los 2000 en su canción "Tik Tok". ¡Escanea nuestro código QR para escucharla!

NO TODO ES LO QUE PARECE...

Hay veces en las que parece que sabes cómo decir una palabra en inglés y todo son risas hasta que descubres cómo se dice en realidad. ¡No todo es lo que parece! Existen collocations en inglés que no se traducen literalmente al castellano. → Una combinación de palabras que siempre van juntas

¿Puedes encontrar en el recuadro la opción correcta?

RIGHT – BOARD – RISK – TEARS – HINT – WHITE – TEMPER – BLACK – TAKE

✗ **BREAK TO CRY** Romper a llorar	**BURST INTO ....**
✗ **LOSE THE STIRRUPS** Perder los estribos	**LOSE YOUR ....**
✗ **RUN THE RISK** Correr el riesgo	**RUN THE ....**
✗ **HAVE REASON** Tener razón	**BE ....**
✗ **TABLE GAME** Juego de mesa	**.................. GAME**
✗ **COMPASSIONATE LIE** Mentira piadosa	**.................. LIE**
✗ **PURPLE EYE** Ojo morado	**.................. EYE**
✗ **GET THE INDIRECT** Pillar la indirecta	**TAKE THE ....**
✗ **THROW A BIG LOOK** Echar un vistazo	**.................. A LOOK**

COOKING TIME!

Oye, creo que le he cogido el gustillo a esto de la cocina. No solo por el tema de las recetas: la **kitchen** es un lugar genial donde los **idioms** conviven en armonía.

¿No me crees? Échale un vistazo a mi cocina. En ella hay 5 objetos con los que podemos "cocinar" un idiom en inglés. ¿Sabrías encontrarlos y completar la expresión?

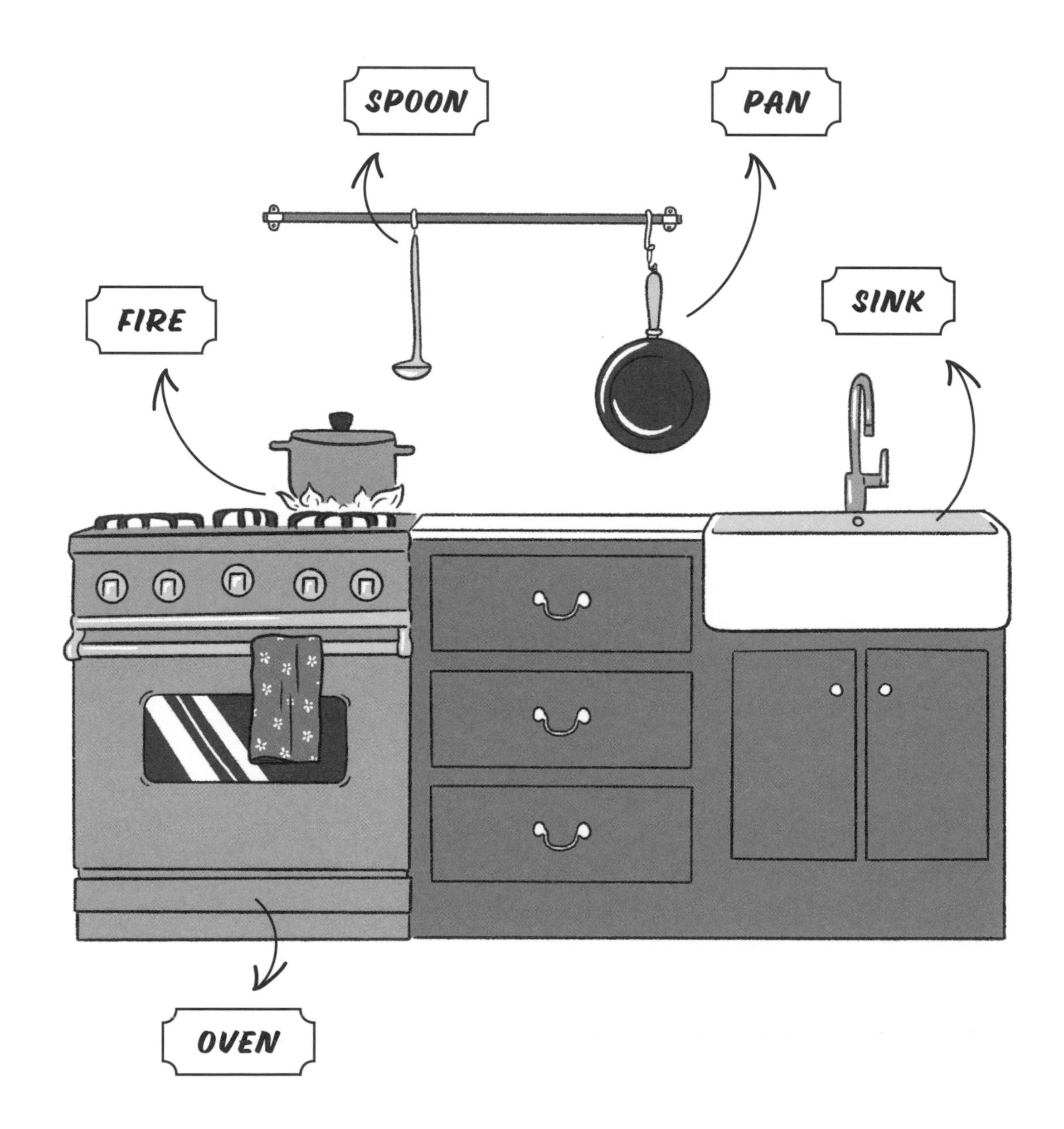

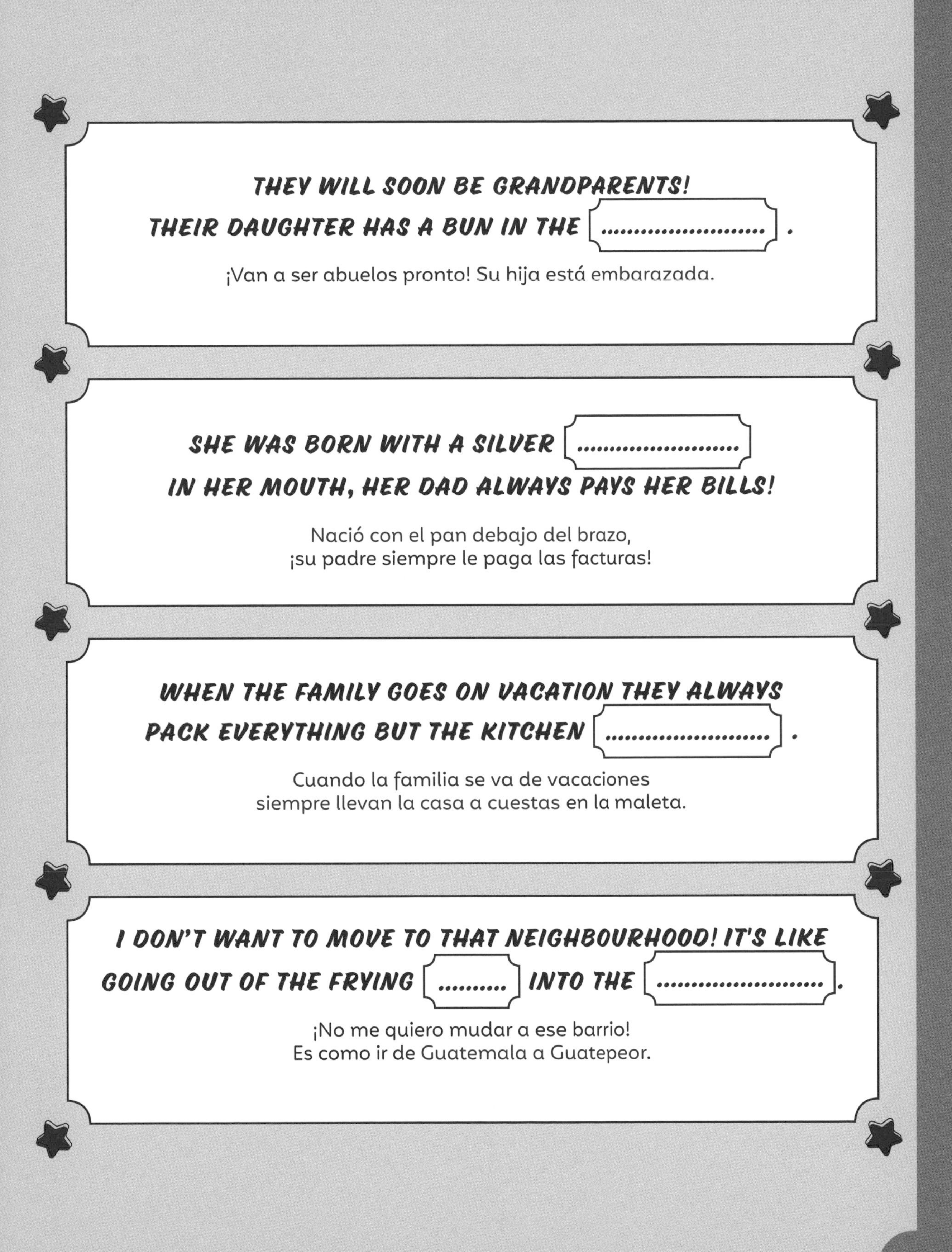
THEY WILL SOON BE GRANDPARENTS!
THEIR DAUGHTER HAS A BUN IN THE ....
¡Van a ser abuelos pronto! Su hija está embarazada.
SHE WAS BORN WITH A SILVER ....
IN HER MOUTH, HER DAD ALWAYS PAYS HER BILLS!
Nació con el pan debajo del brazo,
¡su padre siempre le paga las facturas!
WHEN THE FAMILY GOES ON VACATION THEY ALWAYS
PACK EVERYTHING BUT THE KITCHEN ....
Cuando la familia se va de vacaciones
siempre llevan la casa a cuestas en la maleta.
I DON'T WANT TO MOVE TO THAT NEIGHBOURHOOD! IT'S LIKE
GOING OUT OF THE FRYING .... INTO THE ....
¡No me quiero mudar a ese barrio!
Es como ir de Guatemala a Guatepeor.

3
GRAMÁTICA

CELEBRITY SOCIAL MEDIA

He estado **stalkeando** las redes sociales de estos artistas y, para mi sorpresa, han cometido algunos errores gramaticales en algunos de sus **posts**. ¿Te lo puedes creer? ¡Nunca pensé que Tom Holland necesitaría uno de nuestros truquitos!

Manos a la acción, my dear. Ponte en modo detective y encuentra los errores gramaticales que estos A-listers han cometido en su Twitter. Después, antes de leer la respuesta correcta, intenta llegar a una explicación de por qué es un error.

¿Recuerdas que aprendíamos esta palabra al principio del truquibook?

@ADELE
Looking forward to sing at the Brit Awards this year. British people is the coolest!

....

@TOMHOLLAND
I have a good news for you: I'm officially married with @zendaya!

....

@HARRY STYLES
@Louistomlinson sings so good! I really look up to you man.

¡Te admiro mucho, tío!

....

@TAYLORSWIFT
Got a new cat! I'm not sure about the name yet. Can you give me an advice?

....

@SELENAGOMEZ
Can anybody tell me where is Taylor? She don't answer my phone calls :(

....

¿Crees que sabes inglés, pero cuando sales al mundo real
sientes que los ingleses hablan como si tuvieran una patata en la boca?
Que no cunda el pánico, my dear.

Este fenómeno se debe, en gran parte, a las **informal contractions**.
Es decir, la forma acortada que tienen los nativos de pronunciar ciertas palabras
y construcciones en un contexto informal.

¿LA BUENA NOTICIA?

Estas contracciones son amigas, no enemigas.
Una vez que te familiarices con ellas te será mucho más fácil entender
esos **listenings** horrorosos que hacías en el colegio.

Escanea el código QR para escuchar las siguientes canciones en inglés. ¿Ves que todas ellas contienen una contracción? Cuando las escuches y te familiarices con su pronunciación, ata cabos y únelas con su significado.

Connect the dots

1	DONTCHA	○	Give me
2	I WANNA DANCE WITH SOMEBODY	○	Want to
3	GIMME, GIMME, GIMME	○	What do you
4	WHATCHASAY	○	I'm going to
5	AIN'T YOUR MAMA	○	Kind of
6	NEVER GONNA GIVE YOU UP	○	Going to
7	YOU GOTTA BE	○	Am not, are not, is not, have not, has not
8	SOMETHING KINDA FUNNY	1	Don't you
9	IMMA BE	○	Got to
10	GET OUTTA MY DREAMS AND INTO MY CAR	○	Kind of
11	KINDA CRAZY	○	Out of

MEDIDOR DE FORMALITY

El contexto lo es todo, **my dear**. No es lo mismo hablar con tu amigo de toda la vida que con la mismísima reina de Inglaterra.

Por eso te he preparado este cuadrito tan resultón para que tengas claras las características del inglés informal y el formal antes de hacer la siguiente actividad.

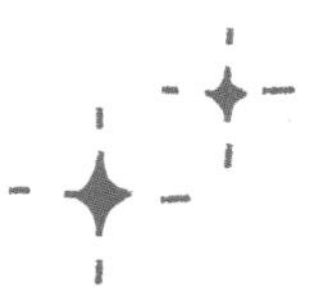

TAKE A LOOK!

INFORMAL ENGLISH	FORMAL ENGLISH
Uso de contracciones	No hay contracciones
Uso de phrasal verbs	Uso muy escaso de phrasal verbs
Frases sencillas y al grano	Frases más largas y elaboradas
Uso de idioms y slang	Escaso uso de idioms y nada de slang
Voz activa	Uso más común de la voz pasiva
Lenguaje más directo	Uso de modal verbs para añadir formalidad
Uso de palabras convencionales	Uso de palabras más largas con raíz latina o griega

¿Sabrías averiguar qué frases diría yo y qué frases diría la reina? Sigue el siguiente ejemplo:

LO QUE DIRÍA LA TRUQUITOS		LO QUE DIRÍA QUEEN LILIBETH
I can't put up with him!	⟶	I cannot tolerate him.
....	⟶	....
....	⟶	....
....	⟶	....
....	⟶	....
....	⟶	....
....	⟶	....
....	⟶	....
....	⟶	....

- Would you be so kind to assist me in something?
- How do you do?
- Let the games begin!
- Can you give me a hand?
- Say hello to William from me!
- What's up, Queen?
- He passed out and no one knows why.
- Could you kindly send me the results?
- May the games commence.
- I convinced Maria to use formal language.
- She doesn't want to drop out of uni.
- She has no intention of leaving University.
- The Queen talked me into using formal language.
- He fainted due to unknown reasons.
- Give my regards to William.
- Send me the results.

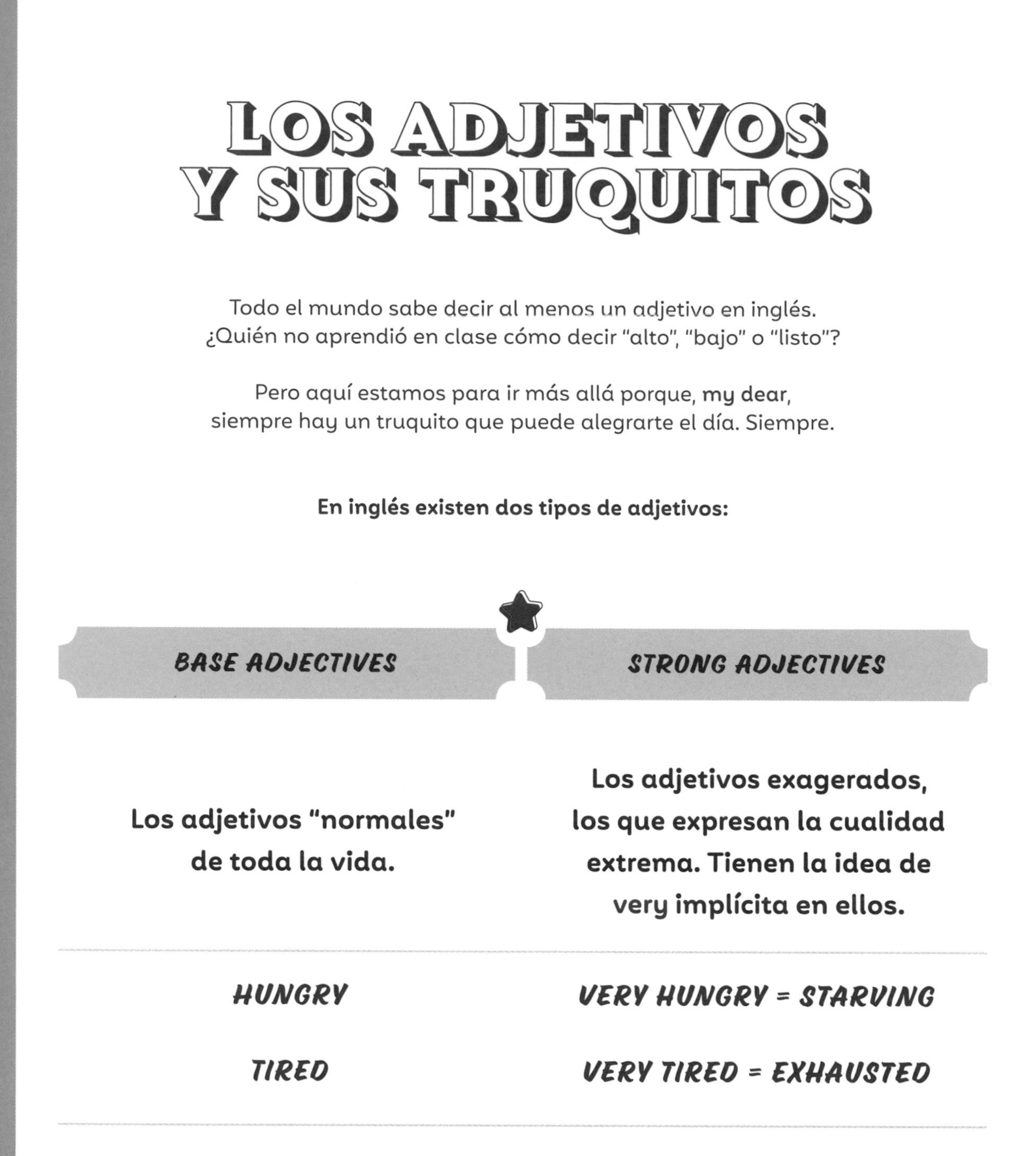

LOS ADJETIVOS Y SUS TRUQUITOS

Todo el mundo sabe decir al menos un adjetivo en inglés.
¿Quién no aprendió en clase cómo decir "alto", "bajo" o "listo"?

Pero aquí estamos para ir más allá porque, my dear,
siempre hay un truquito que puede alegrarte el día. Siempre.

En inglés existen dos tipos de adjetivos:

BASE ADJECTIVES	STRONG ADJECTIVES
Los adjetivos "normales" de toda la vida.	**Los adjetivos exagerados, los que expresan la cualidad extrema. Tienen la idea de very implícita en ellos.**
HUNGRY	VERY HUNGRY = STARVING
TIRED	VERY TIRED = EXHAUSTED

Ahora que ya sabemos esto, échame una mano con este pequeño cacao mental que tengo, please. ¿Puedes unir cada base adjective con su respectivo strong adjective?

BASE ADJECTIVES	STRONG ADJECTIVES
BEAUTIFUL	ASTONISHED
DIRTY	TERRIFIED, PETRIFIED
UGLY	SPOTLESS
HAPPY	ESSENTIAL
FUNNY	FILTHY
ANGRY	THRILLED
BIG	HILARIOUS
BAD	FURIOUS
COLD	HIDEOUS
SMALL	TINY
SCARED	GORGEOUS
HOT	FASCINATED
CLEAN	BOILING
SURPRISED	FREEZING
INTERESTED	TERRIBLE
IMPORTANT	HUGE, ENORMOUS

Los adverbios very, absolutely y really se usan de forma distinta dependiendo de si acompañan a un base adjective o a un strong adjective. Me explico:

En castellano podemos decir "limpio", "muy limpio" y "limpísimo", pero... ¿alguna vez dirías "muy limpísimo"? No suena demasiado bien, ¿verdad? ¡Pues igual ocurre en inglés! Quédate con esto:

	VERY	ABSOLUTELY	REALLY
BASE ADJECTIVES	✓	×	✓
STRONG ADJECTIVES	×	✓	✓

SHE WAS VERY BEAUTIFUL.
SHE WAS ABSOLUTELY GORGEOUS.
SHE WAS REALLY BEAUTIFUL/GORGEOUS.

TRUQUITO SUPEREXPERTO

ALICE, THE FORTUNE TELLER

Hablar de futuro siempre es algo complicado. Y no lo digo porque sea el tema más peliagudo de cualquier relación de pareja, sino porque en inglés hay tantas formas de hablar de él que puede resultar un tanto lioso para cualquier **student**.

A continuación, te dejo un pequeño esquema recién salido de mi cabecita para que te sea más fácil y veas que no hay por qué temerle al futuro. ¿Podrías añadir un ejemplo de tu propia cosecha?

FUTURO CON WILL

Cuando hacemos una **predicción** sobre algo:

I'm sure they'll win the game!

Tu ejemplo: ....

PREDICCIÓN SUBJETIVA:
estamos haciendo una predicción sobre el futuro que no sabemos con certeza si ocurrirá o no.

Con **decisiones espontáneas** que tomas en el momento:

(Suena el timbre de la puerta) **I'll go!**

Tu ejemplo: ....

Cuando te **ofreces** a hacer algo o haces una **promesa**:

Hang on, I'll help you out!I promise I'll behave myself.

Tu ejemplo: ....

Cuando hablas de **hechos** del futuro:

She'll be 35 next year.

Tu ejemplo: ....

Cuando hablamos de algo que no es del todo seguro, normalmente con probably, maybe, I think, I hope, expect...

I don't think she'll be back on time.
I expect you'll be tired after the match.

Tu ejemplo: ....

....

....

TRUQUITO EXPERTO

Es mucho más común decir I don't think + will que I think + will not. Es decir, preferimos I don't think she will be back on time a la forma I think she won't be back on time.

FUTURO CON GOING TO

Cuando hacemos una **predicción** sobre algo:

Look at the score! They're going to win the game!

Tu ejemplo: ....

PREDICCIÓN OBJETIVA: *hacemos una predicción sobre el futuro basada en la evidencia, en algo que estás viendo. En este caso, estás viendo que van a ganar porque, por ejemplo, llevan ya un gol.*

Cuando hablas de un **plan** que es seguro, de una decisión que ya está hecha:

I'm going to spend the weekend watching *Bridgerton*.

Tu ejemplo: ....

FUTURO CON PRESENTE CONTINUO

Cuando hablas de un plan que está a la vuelta de la esquina y que es segurísimo:

I´m meeting my sister tomorrow afternoon.

Tu ejemplo: ....

¿QUÉ TAL HA IDO, MY DEAR? ¡PONTE A PRUEBA CON ESTE TEST!

¿Qué tienen en común *will* y *going to*?

- ○ Ambos se usan para hacer predicciones.
- ○ Ambos se usan para hablar de intenciones.
- ○ No tienen nada que ver, María.

¿*Going to* también se usa para hablar de decisiones espontáneas que acabamos de hacer?

- ○ Depende de dónde tomes la decisión.
- ○ Te has liado, María, no es así.
- ○ Exactamente.

¿Este uso de *will* es correcto?: I'll pay! This one's on me!

- ○ No es correcto ya que es una decisión que has tomado ahora.
- ○ Es correcto ya que es una predicción de cómo acabará tu cartera esta noche.
- ○ Es correcto ya que te estás ofreciendo a algo.

Traduce la siguiente frase: "Hoy lavo los platos yo, tú descansa".

- ○ I'm washing the dishes now, go have a rest.
- ○ I'm going to wash the dishes now, go have a rest.
- ○ I'll wash the dishes, go have a rest.

Si alguien te pregunta en inglés qué vas a hacer el finde, ¿qué contestarías?

- ○ I'll go window shopping with my best friend.
- ○ I'm going to go window shopping with my best friend.
- ○ I'm going window shopping with my best friend.

Corrige esta frase: Are you going to help me with the books?

- ○ Yo la veo bien, María.
- ○ Will you help me with the books?
- ○ Are you helping me with the books?

¿Qué frase denota más certeza ya que es una predicción objetiva?

- ○ Look out! You're going to break the glass!
- ○ Don't give him the toy, he'll break it.

¿Qué tal este pequeño calentamiento? Espero que haya ido bien, porque vamos a ir subiendo el nivel poco a poco. Elige will o going to en las siguientes opciones:

I'd love some tea.

Good idea! I ______________ make some.

Pillar un resfriado

I'm feeling under the weather. I think I ______________ come down with something.

Watch out! The tree ______________ fall!

I've got a splitting headache.

Un dolor de cabeza muy fuerte

I ______________ go get you an aspirin!

I ______________ have a baby girl!

Congrats!

Oh no! I don't have any money on me...

No worries, I ______________ lend you some cash.

What are those books for?

I ______________ study Maths.

¡No paramos! Pregunta random: ¿alguna vez has visto la película Crepúsculo?

- ◯ ¡Por supuesto, María! ¿Por quién me tomas?
- ◯ No es mi rollo, sorry.
- ◯ La tengo en mi lista desde 2008.

MÁS TE VALE HABER ELEGIDO LA PRIMERA OPCIÓN.

Buenos recuerdos

Te pongo el contexto. Fue la primera película en inglés que vi en mi vida. Fond memories. Recuerdo que todo el mundo estaba dividido entre ser Team Edward o Team Jacob, pero, my dear, a mí lo que me gustaba eran los poderes de Alice.

Alice a menudo tenía visiones sobre el futuro. Ya sabes, le venía genial para ganar la lotería o para salvar a la familia de los hombres lobo. No había término medio.

He estado charlando con ella y resulta que ha tenido algunas visiones sobre mi futuro. También le he preguntado si tengo alguna posibilidad con Edward, porque una tiene que pedir.

Completa estas predicciones según vayan con will o going to.

1. NO CREO QUE TÚ Y EDWARD OS CASÉIS.

I don't think you and

Edward ....

get married.

2. ¡MIRA TU CARA! ¡PARECE QUE VAS A LLORAR!

Look at your face! It

looks like you' ....

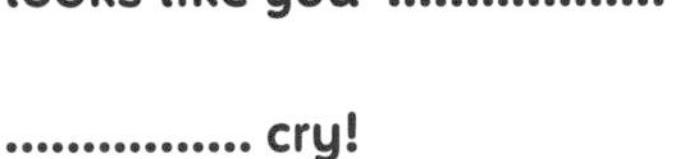

.... cry!

3. HE LEÍDO TU LIBRO DE TRUQUITOS Y ES GENIAL. ¡A TUS ALUMNOS LES VA A ENCANTAR!

I've read your truquitos

book and it's great. Your

students ....

love it!

4. CREO QUE ESTARÁS VIVIENDO EN LONDRES EL PRÓXIMO AÑO POR ESTAS FECHAS.

I believe you ....

.... be living in

London this time next

year.

5. ¡ESTARÁS FORRADA EN CINCO AÑOS!

You ....

be loaded in five years!

6. ¡OH NO! SON LAS 20.30. VOY A PERDER MI OTRA CITA. ¡ADIÓS, MARÍA!

Oh no, it's 20.30! I'

.... miss

my other appointment.

Bye Maria!

MODAL VERBS, TUS NUEVOS ALIADOS

La realidad es que el inglés no podría existir sin los verbos modales. Lo que lees, my dear. De hecho, se usan tanto que es probable que los hayas visto ya miles de veces, así que me voy a arriesgar:

¿Puedes rellenar los espacios en blanco tan guais que te he preparado?

1. YOU .... PUT YOUR SEATBELT ON. IT'S THE LAW!
2. I .... SPEAK FOUR DIFFERENT LANGUAGES.
3. .... YOU PASS ME THE SALT, PLEASE?
4. YOU .... DRIVE ON THE LEFT. IT'S FORBIDDEN.
5. .... I HELP YOU?
6. YOU .... FOLLOW HER ADVICE.
7. SHE .... NOT LIKE THE GIFT...

COULD
SHOULD
MUST
MIGHT
MAY
MUSTN'T
CAN

¿Qué tal ha ido? ¿Ha sido fácil o quizá me he precipitado? Sea cual sea el caso, sé que los *modals* a veces pueden atravesarse un poquito, así que antes de nada me gustaría que tuvieses claras todas sus posibilidades:

CAN **En la mayoría de los casos lo traducimos al castellano por "poder" o "saber hacer algo" y funciona prácticamente igual.**	• Expresar habilidad. • Pedir permiso. • Expresar probabilidad.	• I can speak English fluently. • Can I ask you something? • That can't be him. He looks so much older!
COULD **Lo traducimos al castellano por "podría" o "podía" y funciona prácticamente igual.**	• Expresar habilidad en el pasado. • Pedir permiso de forma educada. • Expresar probabilidad. • Ofrecerte a hacer algo.	• I could swim when I was in kindergarden. • Could I ask you something? • It could be worst! • I could help you with that!
MAY **Lo traducimos al castellano por "podría".**	• Expresar probabilidad. • Pedir permiso de forma muy educada.	• It may rain tomorrow morning. • May I borrow your bag?
MIGHT **Lo traducimos al castellano por "podría".**	• Expresar una probabilidad ligeramente menos certera que **may**, aunque en la mayoría de los casos se puede usar indistintamente.	• It might rain tomorrow morning.
SHOULD **Lo traducimos al castellano por "debería".**	• Se usa para hacer sugerencias o dar consejos. • Hablar de lo que debería ocurrir.	• You should get some sleep. You look exhausted! • I should be there in five minutes!
MUST **Lo traducimos al castellano por "debería".**	• Expresar una obligación. • Expresar una probabilidad muy segura.	• I must clean up this mess before she arrives. • Someone knocked at the door. It must be him!
MUSTN'T **Lo traducimos al castellano por "no deber hacer algo".**	• Expresar una prohibición.	• You mustn't park outside the entrance.

TRUQUITO SUPEREXPERTO

Para expresar habilidad en el futuro, ten en cuenta lo siguiente:

✗ I WILL CAN ✗
I WILL BE ABLE TO

En realidad, también puedes usar esta construcción tanto para presente como pasado:

I CAN SWIM UP TO 1 KILOMETRE	→	I AM ABLE TO SWIM UP TO 1 KILOMETRE
I COULD SWIM WHEN I WAS IN KINDERGARTEN	→	I WAS ABLE TO SWIM WHEN I WAS IN KINDERGARTEN

¡Los matices marcan la diferencia! Aunque sí que es cierto que be able to en este sentido se usa más para habilidades o incapacidades que son TEMPORALES:

HE CAN'T SWIM	→	ÉL NO SABE NADAR (porque no ha aprendido)
HE'S NOT ABLE TO SWIM	→	ÉL NO PUEDE NADAR (quizá porque se ha hecho un esguince)

Por otro lado, fíjate en que estamos hablando de HABILIDADES todo el tiempo. Be able to, al contrario de lo que ocurre con can o con could, no funciona ni para pedir permiso, ni para ofrecerte a hacer algo, ni para hablar de una probabilidad:

✗ ARE YOU ABLE TO OPEN THE WINDOW, PLEASE?
✗ AM I ABLE TO ASK YOU SOMETHING?
✗ I AM ABLE TO GIVE YOU A HAND!
✗ IT IS ABLE TO BE WORSE

CAN YOU OPEN THE WINDOW, PLEASE?
COULD I ASK YOU SOMETHING?
I CAN GIVE YOU A HAND!
IT COULD BE WORSE!

Si hablamos de must, imposible no acordarnos de su mejor amigo have to.
¡Fíjate en la diferencia!

MUST	*HAVE TO*
Es una obligación que te pones tú, que sabes que tienes que hacer.	**Es una obligación que viene desde fuera. No te lo dices a ti mismo, sino que alguien te lo impone de alguna forma.**
I must tidy my room, it's a complete mess! (Tienes que hacerlo porque tú mismo sabes que está hecha un asco, lo necesitas)	**I have to tidy my room, it's a complete mess!** (Tienes que hacerlo porque tu madre te va a echar una bronca...)

BIEN, Y AHORA QUE YA HEMOS HECHO ESTE REPASO TAN COMPLETO POR LOS VERBOS MODALES, LLEGÓ LA HORA DE LA VERDAD. LA TEORÍA NO SIRVE DE NADA SI NO HAY PRÁCTICA DE POR MEDIO, ASÍ QUE LET'S GET TO IT!

Completa este cómic con los verbos modales que falten. ¡Ten en cuenta todo lo que acabamos de aprender!

ÉRASE UNA VEZ EN UN DÍA NORMAL DE MARÍA...

Where's Maria? She's always late!

She .... be stuck in traffic or something...

That .... be the reason. She .... drive, remember?

She .... be still getting ready. I'm sure!

.... you just call her to check?

Long drive
.... end in burning flames
or paradise
And I .... just tell you to leave, 'cause I
Know exactly where it leads, but I
Watch us .... around and around each time

INCOMING CALL

Estoy cantando "Style", de Taylor Swift. Para averiguar qué verbos modales faltan, escanea nuestro código QR y busca la canción

Maria, where are you? We're waiting!

On my way!
I .... be there in no time!

¡Voy de camino!

I .... get going! They're going to kill me!

YOU .... RUN INSIDE THE UNDERGROUND FACILITIES
RiiiNNG!
That .... be her! At last!
.... I come in guys? Sorry for being late again...
SURPRiSE!!!

FALSE FRIENDS Y CÓMO CAMELÁRTELOS

En inglés existen muchos **false friends**... Pero, a partir de ahora, pasarán a ser tus **besties** de toda la vida. Ya verás.

En primer lugar, os presento.

Los **false friends** son aquellas palabras en inglés que se parecen al español, pero que en realidad tienen un significado completamente distinto. Fíjate:

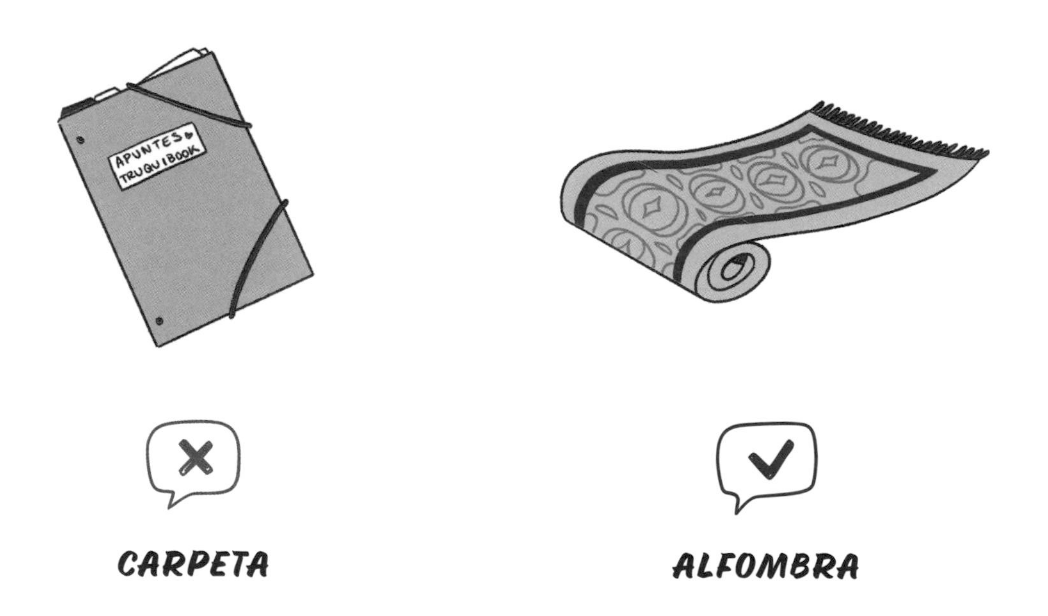

Por eso al principio pueden resultar falsos, pero ya sabes lo que dicen: mantén cerca a tus amigos y más cerca aún a tu peor enemigo. **My dear**, vamos a camelárnoslos.

Completa las siguientes situaciones con la palabra adecuada. ¡Que no te engañen los false friends!

COMPLIMENTS/ACCESSORY – CAREER/RACE – ROPE/CLOTHES – EXIT/SUCCESS FABRIC/FACTORY – SOAP/SOUP – INTRODUCE/INSERT – CONSTIPATED/COLD LIBRARY/BOOKSTORE – DISGUST/ARGUMENT – EMBARRASSED/PREGNANT SENSIBLE/SENSITIVE – TERRIFIC/TERRIFYING – ACCIDENT/COINCIDENCE

He's a very .... guy, he's great to work with! (Responsable)

He's very ....,
he cries with every movie. (Sensible)

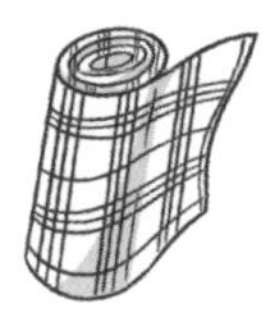

Look at this dress! I love its .... (Tela)

My dad works at a .... close to town. (Fábrica)

I'm .... (Estar estreñido)

I have a .... (Estar constipado)

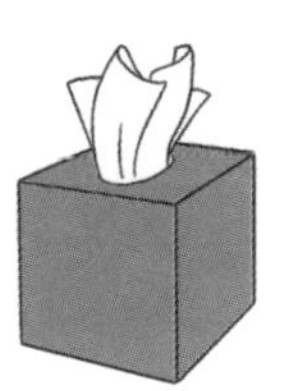

Can you cut the ....? (Cuerda)

She's wearing her best .... today! (Ropa)

Where's the ....? (Salida)

Her clothing line is having a lot of .... (Éxito)

There were no .... after the accident. (Víctimas)

Such a nice ....! (Casualidad)

Her extensive ....
is impressive. (Carrera laboral)

My dad won the .... (Carrera)

If you need to study in silence, you should study

at the school .... (Biblioteca)

Do you want me to get you something

from the ....? (Librería)

You see the .... in her face
after eating the lentils. (Asco)

We had a terrible .... yesterday. (Disgusto)

I don't like getting .... (Piropos)

Do you think this .... goes with my dress? (Complemento)

She's so .... after what happened. (Avergonzado)

My sister's .... with her first child. (Embarazada)

This new movie is ....! (Genial)

This new movie is ....! (Terrorífico)

Use the liquid .... to wash the dishes! (Jabón)

I'd love to have some .... (Sopa)

Let me .... you to Maria. (Presentar)

.... your coin. (Introducir)

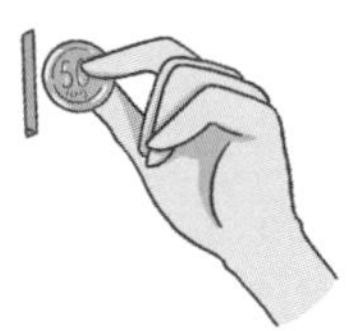

4
PRONUNCIACIÓN

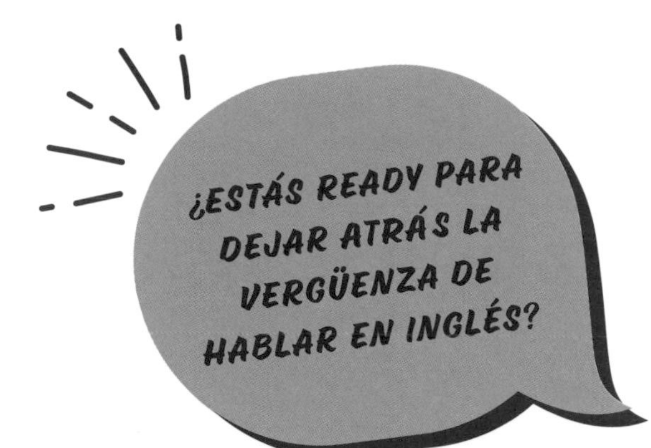

Por algún motivo, a la mayoría de los hispanohablantes nos paraliza eso de tener que hablar en inglés en público, incluso aunque tengamos una buena pronunciación. Nos morimos de vergüenza al abrir la boca y preferimos disculparnos con el típico sorry for my English.

MY DEAR, ESO SE ACABA HOY.

En muchas ocasiones, siento que perder el miedo a hablar en inglés tiene más que ver con trabajar ese bloqueo mental que con trabajar la parte lingüística. Así que repite conmigo:

Aprender un idioma es un símbolo de valentía.

El inglés es una herramienta para conectar y está de nuestro lado.

No voy a disculparme más por hablar inglés.

A continuación, vamos a hacer tú y yo una serie de **truquiactivities** de pronunciación para ir soltando un poco la lengua y acostumbrarnos a los sonidos del inglés.

EL CALENTAMIENTO

Uno de mis truquitos favoritos para ir calentando motores para practicar la pronunciación son los trabalenguas. En inglés existen un sinfín de ellos y te ayudan a trabajar un sonido en particular del inglés que suele ser más complicado que otros.

A continuación, te dejo tres de mis trabalenguas favoritos en inglés para que empecemos con la práctica. Para que sea lo más efectivo posible, sigue estos pasos:

PASO 1: LEE CADA TRABALENGUAS UNO POR UNO E INTENTA IMAGINAR EN TU CABEZA CÓMO SUENA.

PASO 2: ESCANEA EL CÓDIGO QR PARA ESCUCHAR CÓMO LO PRONUNCIO EN INGLÉS.

PASO 3: LEE EN VOZ ALTA CADA TRABALENGUAS Y GRÁBATE CON EL MÓVIL.

PASO 4: ESCÚCHATE.

PASO 5: ESCANEA EL CÓDIGO QR DE NUEVO Y RECITA EL TRABALENGUAS AL MISMO TIEMPO QUE LO HAGO YO.

Estos cinco pasos forman parte de la técnica shadowing, que consiste en repetir exactamente lo que oyes teniendo en cuenta el ritmo, la velocidad y la pronunciación de la persona que estás imitando.

¿SABES LA DE VECES QUE MI MINI YO DE DIEZ AÑOS SE GRABABA DELANTE DEL ESPEJO IMITANDO EL INGLÉS DE HANNAH MONTANA? TE SORPRENDERÍA 😂.

PARA LLEVAR A CABO
LA EXPERIENCIA COMPLETA,
GRÁBATE Y SÚBELO A REDES
ETIQUETÁNDOME EN
@MARIASPEAKSENGLISH.

¡ME ENCANTARÁ VERTE!

SONIDOS S Y SH

She sells sea shells by the sea shore.

SONIDOS B Y T

Betty bought a bit of butter
but the butter Betty bought was bitter.
So Betty bought a better bit of butter
than the butter Betty bought before.

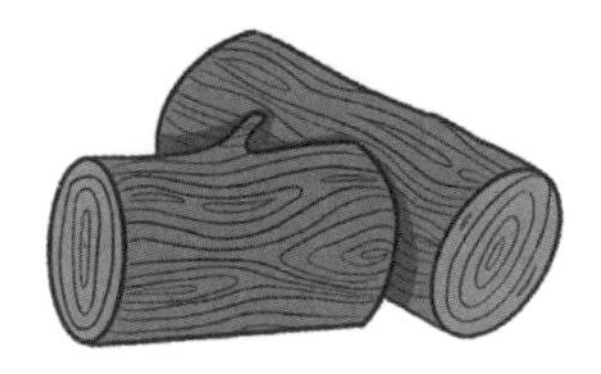

SONIDOS W Y CH

How much wood would a woodchuck chuck if
a woodchuck could chuck wood?

THE ODD ONE OUT

PISTA: EL TÍTULO DE ESTA ACTIVIDAD ES UNA EXPRESIÓN QUE QUIERE DECIR "EL QUE SOBRA", "EL QUE NO ENCAJA".

¿Sabrías decir cómo se pronuncian las siguientes palabras? ¿Serías, además, capaz de traducirlas? Escanea el código QR para escuchar mi pronunciación y elige qué opción es la correcta y cuál es la que no encaja.

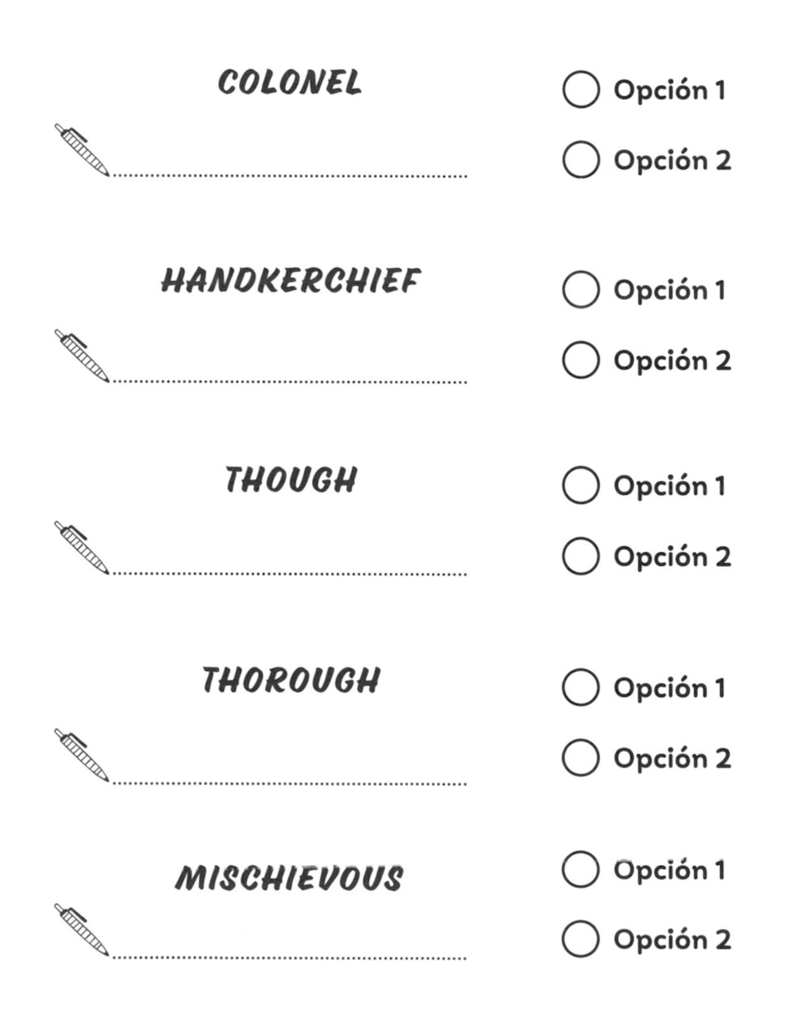

COLONEL ....

- ◯ Opción 1
- ◯ Opción 2

HANDKERCHIEF ....

- ◯ Opción 1
- ◯ Opción 2

THOUGH ....

- ◯ Opción 1
- ◯ Opción 2

THOROUGH ....

- ◯ Opción 1
- ◯ Opción 2

MISCHIEVOUS ....

- ◯ Opción 1
- ◯ Opción 2

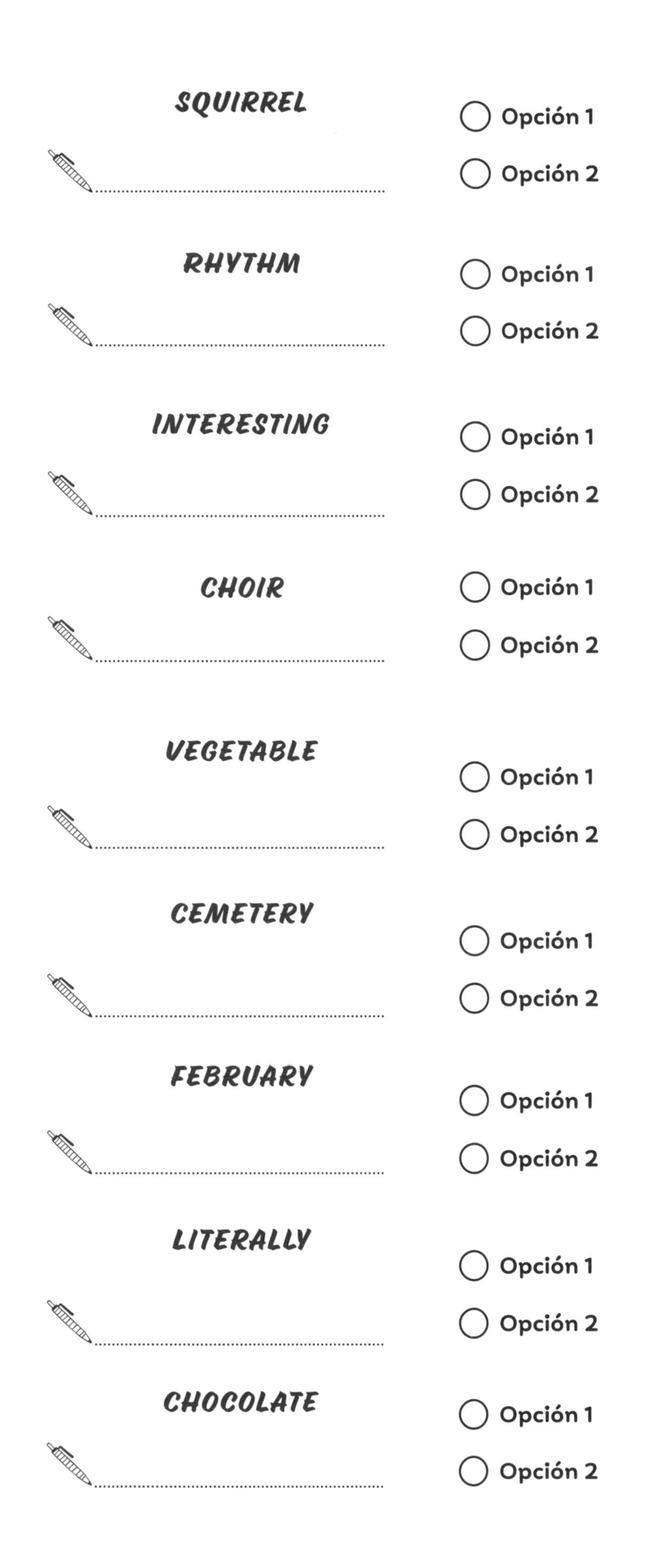

SQUIRREL

○ Opción 1

○ Opción 2

RHYTHM

○ Opción 1

○ Opción 2

INTERESTING

○ Opción 1

○ Opción 2

CHOIR

○ Opción 1

○ Opción 2

VEGETABLE

○ Opción 1

○ Opción 2

CEMETERY

○ Opción 1

○ Opción 2

FEBRUARY

○ Opción 1

○ Opción 2

LITERALLY

○ Opción 1

○ Opción 2

CHOCOLATE

○ Opción 1

○ Opción 2

THE MINIMAL PAIRS

Te presento una de mis partes favoritas del inglés. Lo que vamos a aprender a continuación va a salvarte de más de un malentendido la próxima vez que tengas una conversación con un nativo en inglés.

¿Sabes esa delgada línea que hay entre decir...

CAN I TAKE A SHEET?
CAN I TAKE A SHIT?

Pues hacerte best friend de los minimal pairs te va a ayudar a que la próxima vez que se te presente este tipo de situaciones sepas manejarlas de maravilla.

Los minimal pairs son pares de palabras que aparentemente se pronuncian de forma muy parecida, pero en realidad se diferencian en un solo sonido. Los llamamos minimal pairs porque la diferencia de pronunciación es mínima.

Escanea el código QR. Subraya la palabra que crees que estoy pronunciando.

DIFERENCIA ENTRE [i:] y [ɪ]

1. SHEET/SHIT
2. BEACH/BITCH
3. FEEL/FILL

DIFERENCIA ENTRE [b] y [v]

1. BERRY/VERY
2. BOAT/VOTE
3. BURY/VERY

DIFERENCIA ENTRE [g] y [k]

1. CAME/GAME
2. GROW/CROW
3. GILL/KILL

DIFERENCIA ENTRE [d] y [t]

1. DOWN/TOWN
2. DIE/TIE
3. DIP/TIP

DIFERENCIA ENTRE [s] y [z]

1. ICE/EYES
2. PRICE/PRIZE
3. RICE/RISE

DIFERENCIA ENTRE [æ] y [ʌ]

1. CAT/CUT
2. ANKLE/UNCLE
3. FAN/FUN

DIFERENCIA ENTRE [e] y [ɪ]

1. HEAD/HID
2. BED/BID
3. BELL/BILL

Existen muchas más diferencias como estas, pero necesitaríamos dos truquibooks para verlas. Si quieres profundizar más sobre el tema, ¡TE ESPERO EN EL CURSO DE PRONUNCIACIÓN DE MI WEB!

SPOT THE PRONUNCIATION MISTAKE

Ve a por tu lupa de detective, que vamos a por un caso de esos que marcan un antes y un después en la vida de cualquier **english student**.

Escanea el código QR y escúchame leyendo el siguiente texto en inglés. ¿Por casualidad has escuchado algo que no cuadra? ¿Alguna palabra que no te suena bien?

Estás en lo cierto. Me he tomado la libertad de pronunciar algunas palabras de forma incorrecta para ponerte un poquito a prueba. ¡Señálalas!

As Maria woke up and opened her eyes, she shook her head, she was surprised to see a cute little dog on her bed. She had no idea where it had come from, but she was delighted to have a pet. Her parents came in. "This is the best day of my life! I feel over the moon", said Maria. They all agreed to call the dog Lucky, and it became a beloved member of the family.

THE FINAL DICTATION

Ahora que hemos trabajado un poco la pronunciación,
vamos a cambiar el juego un poquito.

Escanea el código QR y escúchame leer un texto en voz alta. Escribe poco a poco todo lo que oigas, como si se tratase de uno de esos dictados que te hacían en el colegio. ¡Vamos a por ello!

Escribe el dictado aquí:

5
PHRASAL VERBS

UN MINUTO DE GLORIA PARA LOS PHRASAL VERBS

No vamos a empezar la casa por el tejado, **my dear**.
Estoy segura de que has oído hablar alguna vez de los temidos **phrasal verbs**, pero...
¿qué son realmente?, ¿cómo funcionan?, ¿dan tanto miedo como dicen?

SPOILER: NOT REALLY.

Para ponerte en contexto, un phrasal verb es un verbo que va acompañado de una partícula. Esta partícula, que puede ser un adverbio o una preposición, cambia por completo el significado del verbo en cuestión. Fíjate:

EL VERBO GET NO SIGNIFICA LO MISMO QUE GET UP.

Esta partícula en muchos casos te va a dar una pista sobre el significado del verbo, pero otras veces la partícula en sí no tiene mucha lógica. ¡Todo es acostumbrarse!

¿SEPARABLE O INSEPARABLE?

Subimos del nivel, que la cosa se pone interesante. Me siento como si estuviera viendo el último capítulo de mi serie favorita. Existen dos tipos de **phrasal verbs**:

SEPARABLES

Podemos colocar el complemento entre las dos partículas.

✔ I'm going to **pick** my sister **up** from school.

✔ I'm going to **pick up** my sister from school.

INSEPARABLES

El verbo y la partícula funcionan como un bloque, no los podemos separar.

✔ I'm **looking after** my sister.

✘ I'm **looking** my sister **after**.

Cuando usamos un pronombre como complemento (her, him, it, us...) con un verbo separable, siempre separamos el phrasal verb, aquí ya no hay opción. Por ejemplo:

SHE'LL PICK ME UP FROM CLASS.
✗ *SHE'LL PICK UP ME FROM CLASS.*

La mala noticia es que no existe ninguna regla gramatical que te diga si un phrasal verb es separable o no. Pero la buena noticia es que... ¡no existe ninguna regla gramatical que te diga si un phrasal verb es separable o no! Así que vamos a aprender como a mí me gusta: **practicando.**

Marca la respuesta correcta. ¡Recuerda que a veces puede haber más de una!

○ The DJ turned up the music.
○ The DJ turned the music up.

○ We had no choice but to put off the meeting.
○ We had no choice but to put the meeting off.

○ Her family grew up in California.
○ Her family grew in California up.

○ Linda got the bus on back home.
○ Linda got on the bus back home.

○ He put his coat on and left.
○ He put on his coat and left.

- ◯ The plane took off ahead of schedule.
- ◯ The plane took ahead of schedule off.

- ◯ My boyfriend checked in at our hotel after me.
- ◯ My boyfriend checked at our hotel in after me.

- ◯ What was the word again? I'll look up it in the dictionary.
- ◯ What was the word again? I'll look it up in the dictionary.

- ◯ The teacher asked us to hand in our writings.
- ◯ The teacher asked us to hand our writings in.

- ◯ He asked me out and I said no!
- ◯ He asked out me and I said no!

- ◯ When will you go to work back?
- ◯ When will you go back to work?

- ◯ I can't believe you made the story up!
- ◯ I can't believe you made up the story!

COMO UNA PIENSA EN TODO, AL FINAL DE ESTE BLOQUE TE HE PREPARADO UNA RECOPILACIÓN CON LOS PHRASAL VERBS SEPARABLES E INSEPARABLES QUE MÁS SE SUELEN USAR. ¡PARA QUE NO TE PIERDAS NI UNO!

Ahora intenta unir cada phrasal verb que acabamos de ver con su traducción. ¡Aquí aprendemos por contexto! Verás que ya no se te olvidan.

Subir el volumen	ASK SOMEONE OUT	Buscar (en un libro o en internet)
	GO BACK	
Posponer un evento	PUT OFF	Entregar un trabajo
	TURN UP	
Despegar	PUT ON	Pedirle salir a alguien
	TAKE OFF	
Ponerse una prenda de vestir	LOOK UP	Registrarse en un hotel
	GET ON SOMEWHERE	
Crecer	HAND IN	Volver
	CHECK IN	
Subirse a un medio de transporte	GROW UP	Inventarse algo
	MAKE UP	

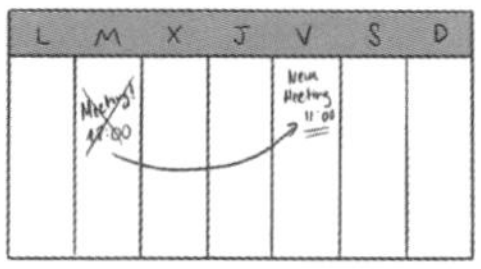

PHRASAL VERBS CON UP/DOWN

Viajemos en el tiempo

Let's go back in time. ¿Recuerdas que unas páginas atrás te hablaba de que a veces las preposiciones de los **phrasal verbs** te dan una pista de su significado? Es cierto que no siempre es así, pero nunca está de más tener un truquito bajo la manga para hacernos la tarea más fácil:

"Have an ace in the hole" (tener un as bajo la manga)

UP	DOWN
Puede referirse a un movimiento hacia arriba: He ran up the street to save the stray dog.	**Puede referirse a un movimiento hacia abajo:** He went down the street.
Puede tener el sentido de incrementar o aumentar: The prices went up like crazy this summer!	**Puede referirse a algo que se reduce o que empeora:** The fever went down, but he still feels unwell.
Otras veces no tiene significado o sirve tan solo para enfatizar el verbo al que acompaña: You're not going out until you've eaten up your dinner!	

¿Me ayudas a completar las siguientes frases con la partícula que corresponda? Ten en cuenta que a veces pueden valer ambas opciones.

- **I wrote .... her phone number without hesitation.** (Anoté su número sin dudarlo)
- **He was driving .... the road to his hometown.** (Estaba conduciendo calle arriba/abajo hasta su ciudad natal)
- **She ran .... the stairs to welcome the family.** (Bajó las escaleras corriendo para darle la bienvenida a la familia)
- **The girl is looking .... on her father.** (La chica está mirando a su padre por encima del hombro)
- **The thief put his weapon ....** (El ladrón bajó su arma)
- **Our car has broken .... again.** (Nuestro coche se ha roto de nuevo)
- **She looked .... and saw she'd stepped in the mud.** (Miró hacia abajo y vio que había pisado el barro)

- **They look .... to him because he's a great teacher.** (Lo admiran mucho porque es un profe genial)
- **We looked .... and saw a sky full of stars.** (Miramos hacia arriba y vimos un cielo lleno de estrellas)
- **I can't remember her address, I'll look it .... in my agenda.** (No recuerdo su dirección, la buscaré en mi agenda)
- **He's just broken .... with his girlfriend.** (Acaba de romper con su novia)
- **The driver sped .... and ran the red.** (El conductor aceleró y se saltó el rojo)
- **Don't just leave your stuff on the floor. Pick them ....!** (No dejes tus cosas en el suelo. ¡Recógelas!)

PHRASAL VERBS CON ON/OFF

Nuestros queridos **phrasal verbs** también pueden ir acompañados de las preposiciones **on/off** y, en muchas ocasiones, puede ser más fácil dar con el significado de cada uno si tenemos en cuenta lo siguiente:

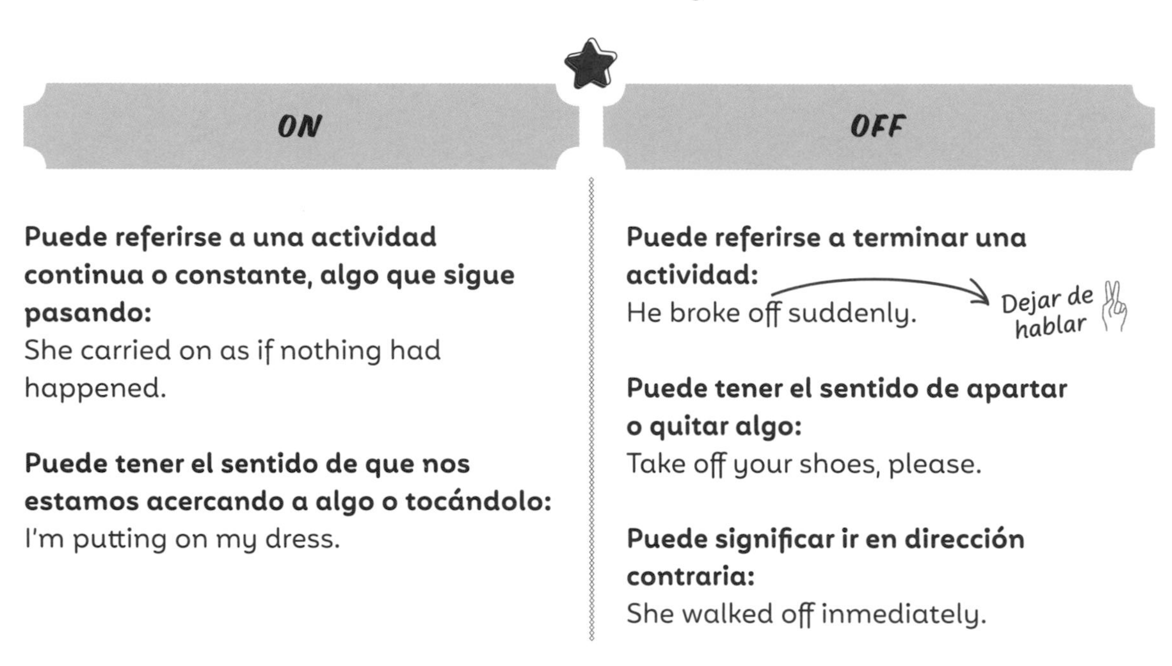

ON

Puede referirse a una actividad continua o constante, algo que sigue pasando:
She carried on as if nothing had happened.

Puede tener el sentido de que nos estamos acercando a algo o tocándolo:
I'm putting on my dress.

OFF

Puede referirse a terminar una actividad:
He broke off suddenly. → Dejar de hablar

Puede tener el sentido de apartar o quitar algo:
Take off your shoes, please.

Puede significar ir en dirección contraria:
She walked off inmediately.

Ahora que tenemos este truquito, intenta completar el espacio en blanco con el phrasal verb correcto:

GET ....
(subirse a un medio de transporte, todos menos el coche)

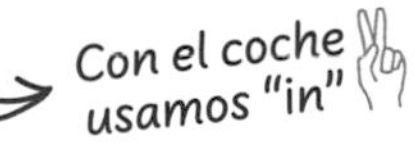

GET ....
(bajarse de un medio de transporte, todos menos el coche)

TURN ....
(encender)

TURN ....
(apagar)

TRY ....
(probarse ropa)

TAKE ....
(asumir una responsabilidad)

TAKE ....
(despegar)

PUT ....
(ponerse ropa)

PUT ....
(posponer un evento)

CALL ....
(cancelar un evento)

GO ....
(explotar)

MOVE ....
(seguir con tu vida)

SET ....
(emprender tu ruta hacia algún lugar)

CUT ....
(cortar los suministros)

GET .... with someone
(llevarse muy bien con alguien)

TELL ....
(regañar)

Y, ahora que ya estamos familiarizados con estos phrasals, te reto a que vuelvas a escribir las siguientes frases sustituyendo el verbo subrayado por uno de ellos. Fíjate en el ejemplo:

- **I'm afraid today's meeting will have to be delayed.** ⟶ I'm afraid today's meeting will have to be put off.
- **My sister got cold feet and canceled the wedding.** ⟶ My sister got cold feet and .... the wedding.

Echarse para atrás de una decisión porque te da miedo

- **The teacher reprimanded the class.** ⟶ The teacher .... the class.
- **Can you stop using your phone?** ⟶ Can you .... your phone?
- **She began her journey to Paris.** ⟶ She .... her journey to Paris.
- **The family couldn't afford to pay so they stopped the electricity last week.** ⟶ The family couldn't afford to pay so the electricity was .... last week.

o se podían permitir pagar

- **The bomb exploded this morning.** ⟶ The bomb .... this morning.
- **He said goodbye and entered the bus.** ⟶ He said goodbye and .... the bus.

PHRASAL VERBS CON IN/OUT

Los **phrasal verbs** acompañados de **in/out** son probablemente de los más numerosos que existen en inglés. Pero **no worries, my dear**. Son bastante intuitivos:

IN	OUT
Envuelve el sentido de "dentro": Put the beer in the fridge, please. We've moved in together!	**Puede referirse un movimiento hacia fuera o la acción de sacar algo:** She took her wallet out of her bag. Get out of here!
GET	FIND
COME	HANG
CHECK	TURN
KICK	CLEAR
GIVE	LET
TAKE	HEAD
FIT	CUT
LET	TAKE
HAND	THROW

¿Me ayudas a buscar la definición de los phrasal verbs con in que hay en la página anterior?

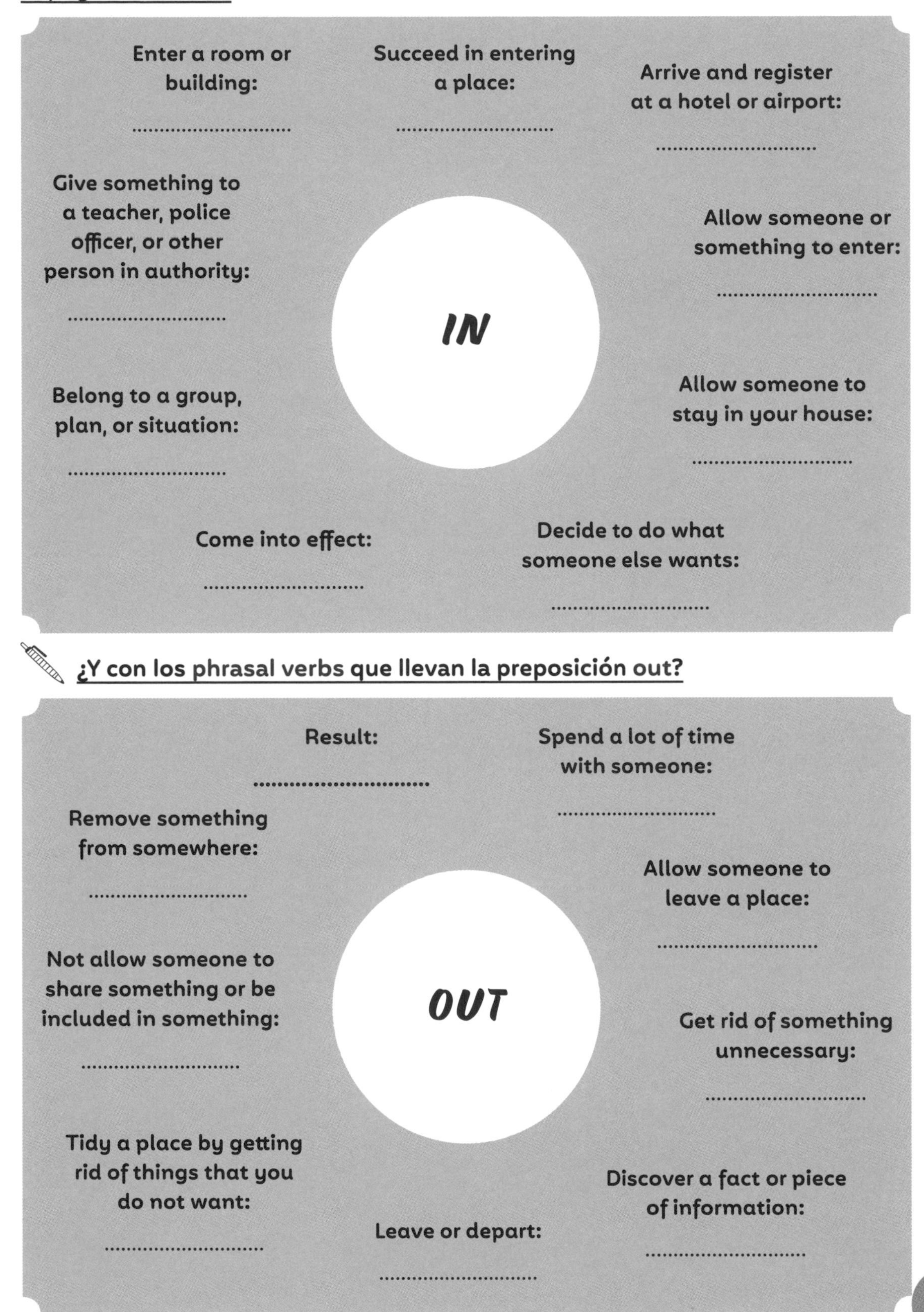

IN

Enter a room or building: ....

Succeed in entering a place: ....

Arrive and register at a hotel or airport: ....

Give something to a teacher, police officer, or other person in authority: ....

Allow someone or something to enter: ....

Belong to a group, plan, or situation: ....

Allow someone to stay in your house: ....

Come into effect: ....

Decide to do what someone else wants: ....

¿Y con los phrasal verbs que llevan la preposición out?

OUT

Result: ....

Spend a lot of time with someone: ....

Remove something from somewhere: ....

Allow someone to leave a place: ....

Not allow someone to share something or be included in something: ....

Get rid of something unnecessary: ....

Tidy a place by getting rid of things that you do not want: ....

Leave or depart: ....

Discover a fact or piece of information: ....

PHRASAL VERBS CON AROUND/BACK

¡Última ronda de **phrasal verbs**! Echa un vistazo a los siguientes truquitos porque tienen sus cositas:

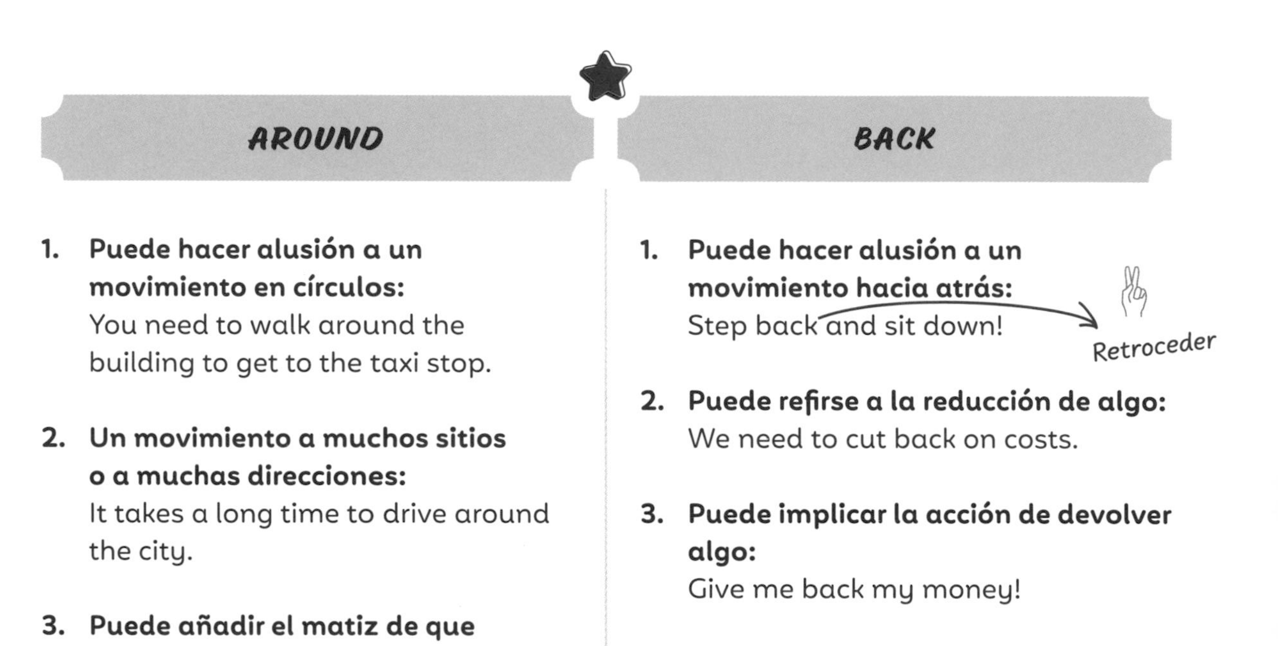

AROUND

1. **Puede hacer alusión a un movimiento en círculos:**
   You need to walk around the building to get to the taxi stop.

2. **Un movimiento a muchos sitios o a muchas direcciones:**
   It takes a long time to drive around the city.

3. **Puede añadir el matiz de que alguien no está haciendo mucho:**
   He spent all day sitting around playing videogames!

BACK

1. **Puede hacer alusión a un movimiento hacia atrás:**
   Step back and sit down!

2. **Puede refirse a la reducción de algo:**
   We need to cut back on costs.

3. **Puede implicar la acción de devolver algo:**
   Give me back my money!

Coloca los verbos en la columna correspondiente, algunos tendrán las dos opciones, e indica el número que mejor explicaría el phrasal verb.

CALL – MESS – GET....... TO – TAKE SOMEONE – TURN – SHOP
PAY – CUT – STICK – GIVE – .... UP – LOOK – HANG – HOLD –WAIT

AROUND	BACK
(3) HANG AROUND	(3) GIVE BACK
( )	( ) ....
( )	( ) ....
( )	( ) ....
( )	( ) ....
( )	( ) ....
( )	( ) ....
	( ) ....

Ay, espera. ¿Que te lo habías creído? ¿De verdad piensas que íbamos a dejar de hablar de los **phrasal verbs** sin haber visto aquellos que le dan vidilla a tu inglés? ¡¿Por quién me tomas?!

What do you take me for?

Seguramente no seas la única persona que recuerda esa lista interminable de **phrasal verbs** que nos daban en el colegio para estudiárnosla de memoria. Bien, visualízala. Recuerda aquella época. Respira lenta y profundamente... ¡Y adiós!

A continuación vamos a ver una serie de phrasals verbs que le darán a tu inglés ese toquecito que tanto te gusta. ¿Me echas una mano? Une las siguientes situaciones con el phrasal verb que más se ajusta a ellas.

Used to interrupt a conversation or discussion or someone who is talking. (Interrumpir)

Annoy or irritate someone. (Sacar de quicio a alguien)

Visit briefly and unexpectedly. (Pasarse por algún sitio)

Eat a lot or too much. (Ponerse las botas)

Contact someone. (Darle un toque a alguien)

Used for saying that you are confident and excited about facing a challenge or contest. (¡Dale!, ¡venga!)

Begin to have or suffer from an illness. (Pillar un resfriado)

Be friendly with each other immediately. (Congeniar con alguien inmediatamente)

Escape blame or punishment when you do something wrong, or to avoid harm or criticism for something you did. (Salirte con la tuya)

Behave in a way that is intended to attract attention or admiration, and that other people often find annoying. (Fanfarronear)

PHRASAL VERB

BUTT IN – PIG OUT – GET AWAY WITH –HIT IT OFF WITH
SHOW OFF – WIND SOMEONE UP – HIT SOMEONE UP
BRING IT ON! – COME DOWN WITH – POP IN

RECOPILACIÓN PHRASAL VERBS SEPARABLES E INSEPARABLES

SEPARABLES

PICK UP: recoger a alguien o levantar algo del suelo
PUT ON: vestirse o encender algo
PUT OUT: poner algo afuera o apagar un fuego
TRY ON: probarse ropa
CHEER UP: animarse
DO OVER: repetir algo
GIVE UP: rendirse o dejar de hacer algo
GIVE OUT: distribuir
GIVE BACK: devolver
HAND OVER: entregar
HAND IN: entregar los deberes, un documento...
LEAVE OUT: excluir u omitir
LOOK UP: buscar información en un diccionario o un libro
PICK OUT: escoger o seleccionar
TURN AROUND: girarse
TURN ON: encender
TURN OFF: apagar
TURN DOWN: rechazar, reducir
KEEP UP: seguir haciendo algo
LOOK OVER: mirar algo por encima
BRING BACK: traer algo de vuelta
HEAD FOR: dirigirse hacia algún lugar
GIVE AWAY: regalar
SHOW OFF: presumir de algo
TAKE OVER: conquistar o dominar
TAKE AWAY: quitarle algo a alguien
TAKE UP: empezar una nueva actividad
THINK OVER: considerar algo
MAKE UP: inventarse algo o reconciliarse con alguien
PUT OFF: posponer un acontecimiento o evento
FIGURE OUT: resolver o calcular algo
TALK OVER: hablar sobre algo
CUT DOWN (ON SOMETHING): reducir el consumo o uso de algo

INSEPARABLES

CALL ON: llamar o recurrir a alguien
CHECK IN: registrarse en un hotel
COME BACK: volver
GO ON: continuar
GO OVER: revisar algo
GO BACK: ir de regreso
GET ALONG WITH: llevarse bien con alguien
GET ON: subirse a un medio de transporte (cualquiera menos el coche)
GO INTO: ir dentro de algo
GET OFF: bajarse de un medio de transporte
GET IN: subirse al coche
GET OUT OF: salirse de algún lugar
FALL DOWN: caerse o derrumbarse
FALL OFF: caerse de una superficie superior a otra inferior
FIND OUT: descubrir algo
LOOK AROUND: mirar alrededor
LOOK OUT!: ¡ten cuidado!
MAKE SURE OF: asegurarse de algo
PAY OFF: dar sus frutos
CARRY OUT: llevar a cabo algo
TAKE OFF: despegar
ROLL UP: enrollar
SHOW UP: aparecer en algún sitio
RUN AWAY: huir de algún lugar
COME ACROSS: cruzarse con alguien o algo
DROP OUT: dejar de ir al colegio o a la universidad
GET THROUGH: atravesar o superar una situación
GET UP: levantarse

SOLUCIONES

1. VOCABULARIO

MILLENNIALS CORNER (P. 25)

1. Adulting: hacer cosas de adultos, como pagar impuestos o poner la lavadora.
2. I can't even!: esta expresión significa que algo es muy bueno o muy malo, depende del contexto. Podríamos traducirla por "¡Es que no puedo!".
3. On fleek: ser perfecto, verse bien. Su sinónimo es *on point*.
4. Squad: tu grupo de amigos.
5. Extra: ser excesivo, hacer demasiado, muchas veces para impresionar.
6. Binge-watch: hacer una maratón de una serie.
7. Tea: cotilleo del bueno, o como diríamos nosotros: "salseo".

LOVE IS IN THE AIR... (PP. 26-27)

1.
Sight
Wishes
Hot
Dreams
Pickup line

2.
Number
Drink
Social media
Hang out
Into
Seeing

EN BUSCA DE LA TRADUCCIÓN (P. 30)

Facepalm
Crush
Lock
Hater
Spoiler

BON APPÉTIT! (PP. 32-33)

Sopita de letras de Congratulations
- Way to go
- Hats off
- Right on
- Nice going
- Props to you

Sopita de letras de You're welcome
- It's nothing
- Anytime
- Not at all
- No problem
- No worries
- You got it

Sopita de letras de Thank you
- You shouldn't have
- I appreciate it
- I owe you one
- I can't thank you enough
- It means the world to me
- That's so kind of you

Sopita de letras de Stop it!
- Cut it out
- Enough
- Give it a rest
- Give me a break
- Quit it

Sopita de letras de How are you?
- How are things going?
- What's going on?
- How's everything?
- How's it going?
- How are you doing?

UNA MIRADA VALE MÁS QUE MIL PALABRAS (P. 34)

Stare: mirar fijamente a algo o alguien.
Observe: observar con atención.
Gaze: mirar a alguien o algo con admiración, sorpresa o de forma pensativa.
Peep: mirar a alguien o algo con sigilo.
Glance: echarle un vistazo rápido a algo.

LA PASARELA (P. 35)

- Skip
- Tiptoe
- Plod
- Strut
- Limp
- Stumble

BEST FRIENDS FOREVER (PP. 36-38)

Cupboard
Butterfly
Pancake
Sunflower
Watermelon
Toolbox
Armchair
Hotdog
Goldfish
Notebook
Birdcage
Jellyfish
Ladybug
Lipstick

¿ESTO ES INGLÉS? (P. 39)
R U = Are You
TBH = To Be Honest
LMK = Let Me Know
2nite = Tonight
YOLO = You Only Live Once
IDK = I Don't Know
LOL = Laughing Out Loud
IKR = I know, right?
OMW = On my way
FYI = For Your Information
WTF = What The Fuck
OMG = Oh My God
NP = No Problem
ASAP = As Soon As Possible
CUS = See You Soon

2. EXPRESIONES

NOS PONEMOS PROFUNDOS (P. 43)
Beans - Oil - Mile - Skin

UNA CANCIÓN Y SU EXPRESIÓN (PP. 44-45)
Bad blood » Feelings of hate between people because of arguments in the past.
Beat it! » An informal way of saying "Go away!"
Wildest dreams » Better or more than someone had ever thought possible.
Cry me a river » A sarcastic response to someone who is expressing sadness or constantly complaining.
Poker face » An impassive expression that hides one's true feelings.
Turning tables » To change a situation so you gain an advantage over someone.
Take a bow » Used to say that someone deserves to be praised and recognized.
Be water under the bridge » What happened in the past is not important anymore.

IDIOMS MUSICALES (PP. 46-47)
Blow your own trumpet » Talk proudly about your achievements and successes. (Darse bombo a uno mismo)
Fit as a fiddle » To be very healthy and strong. (Estar sano como un roble)
Music to my ears » Something that is very pleasant or gratifying to hear or discover. (Música para mis oídos)
Swan song » The final activity or performance of a person's career. (Canción de despedida)
Face the music » To accept unpleasant consequences. (Apechugar con las consecuencias)
Play by ear » To do something without special preparation. (Improvisar)
Jazz something up » Make something more interesting, lively, or exciting. (Darle vidilla a algo)
Call the tune » To be in control of a situation and make all the important decisions. (Llevar el cotarro)
Sound like a broken record » To say the same things over and over again. (Se un disco rayado)

INSTAGRAM VS. REAL LIFE (PP. 48-49)

1 » Palmarla
2 » Contar un secreto
3 » Volverse loco
4 » Estar de acuerdo
5 » Un problema que nadie quiere ver
6 » Darse por vencido
7 » Darse prisa
8 » Arrepentirse en el último momento
9 » Ser un pelmazo
10 » Meter la pata
11 » Llover a cántaros
12 » Ser muy caro

BINOMIAL IDIOMS (PP. 50-51)
the ins and outs
give and take
out and about
ups and downs
come and go
bits and pieces
on and off
safe and sound
sick and tired
back and forth

FANCY A CUPPA? (P. 52)
Fill the kettle with fresh water, forget about **tap water**! (Unless you're from Madrid)
Heat the kettle and **boil** the water.
Put a **teabag** in the cup.
Add the **boiling** water.
Let it **brew** for 2 minutes.
Stir the tea.
Before you serve the tea, remove the teabag from the **pot**.
Add a **dash** of milk.
Enjoy your super British tea!

(P. 53)
Not for all the tea in China! » ¡Por nada del mundo!
Fancy a cuppa? » ¿Te apetece una taza de té?
Be a storm in a teacup » Hacer una montaña de un grano de arena
It's not my cup of tea » No es lo mío

¿QUIÉN DIJO QUÉ? (PP. 54-55)
***Star Wars* »** May the Force be with you. (Que la Fuerza te acompañe)
***Dirty Dancing* »** Nobody puts Baby in a corner. (¡No dejaré que nadie te arrincone!)
***Gone with the Wind* »** Frankly, my dear, I don't give a damn. (Francamente, querida, me importa un bledo)
***Finding Nemo* »** Just keep swimming. (Sigue nadando)
***The Wizard of Oz* »** There's no place like home. (Se está mejor en casa que en ningún sitio)
***Forrest Gump* »** My mama always said life was like a box of chocolates. You never know what you're gonna get. (Mamá siempre decía que la vida es como una caja de bombones, nunca sabes lo que te va a tocar)

THAT'S SO 2000! (P. 56)
That's hot! » That's so cool!
Peace out! » Goodbye!
Peeps » Friends
Sweet! » Great!
That's so fetch! » That's cool!
Talk to the hand! » I'm done with the conversation
Sketchy » Suspicious
Stoked » Super excited about something
Take a chill pill! » Relax
Crunk » Be drunk

NO TODO ES LO QUE PARECE... (P. 57)
Tears - Temper - Risk - Right - Board - White - Black - Hint - Take

COOKING TIME (PP. 58-59)
Oven - Spoon - Sink - Pan - Fire

CELEBRITY SOCIAL MEDIA (P. 63)
@ADELE ¡Recuerda! La expresión "look forward to" (tener ganas de algo) siempre va seguida de un verbo en gerundio. **People** siempre va con **are**, ¡es plural! » Looking forward to singing at the Brit Awards this year. British people are the coolest!

@TOMHOLLAND News es plural, por lo que no puedes decir "a good news". En inglés decimos "to be married to someone", ¡nunca **with**! **»** I have good news for you: I'm officially married to @zendaya.
@HARRY STYLES Ay, los adverbios... **Good** es un adjetivo, por lo que no puede ir acompañado de un verbo. Aquí usaríamos **well**, que es su adverbio y sí acompaña a un verbo. **»** @louistomlinson sings so well!
@TAYLORSWIFT Advice es incontable, por lo que no puede ir acompañado de **an. »** Can you give me some advice?
@SELENAGOMEZ ¡Las preguntas indirectas y la tercera persona! **»** Can you tell me where Taylor is? She doesn't answer my phone calls.

3. GRAMÁTICA

INFORMAL CONTRACTIONS (PP. 64-65)
- **Dontcha »** Don't you
- **I wanna dance with somebody »** Want to
- **Gimme, gimme, gimme »** Give me
- **Whatchasay »** What do you
- **Ain't your mama »** Am not, are not, is not, have not, has not
- **Never gonna give you up »** Going to
- **You gotta be »** Got to
- **Something kinda funny »** Kind of
- **Imma be »** I'm going to
- **Get outta my dreams and into my car »** Out of
- **Kinda crazy »** Kind of

LOS ADJETIVOS Y SUS TRUQUITOS (PP. 68-69)
Beautiful » Gorgeous
Dirty » Filthy
Ugly » Hideous
Happy » Thrilled
Funny » Hilarious
Angry » Furious
Big » Huge, enormous
Bad » Terrible
Cold » Freezing
Small » Tiny
Scared » Terrified, petrified
Hot » Boiling
Clean » Spotless
Surprised » Astonished
Interested » Fascinated
Important » Essential

TEST (P. 72)
- Ambos se usan para hacer predicciones.
- Te has liado María, no es así.
- Es correcto, ya que te estás ofreciendo a algo.
- I'll wash the dishes, go have a rest.
- I'm going to go window shopping with my best friend. / I'm going window shopping with my best friend.
- Will you help me with the books?
- Look out! You're going to break the glass!

MEDIDOR DE FORMALITY (PP. 66-67)
- I can't put up with him! **»** I cannot tolerate him
- Send me the results **»** Could you kindly send me the results?
- Let the games begin! **»** May the games commence
- Can you give me a hand? **»** Would you be so kind to assist me in something?
- She doesn't want to drop out of uni **»** She has no intention of leaving University
- He passed out and no one knows why **»** He fainted due to unknown reasons
- The Queen talked me into using formal language **»** I convinced Maria to use formal language
- What's up, Queen? **»** How do you do?
- Say hello to William from me! **»** Give my regards to William

(P. 73)
1. will
2. am going to
3. is going to
4. will
5. am going to
6. will
7. am going to

(P. 75)
1. will
2. are going to
3. are going to
4. will
5. will
6. am going to

MODAL VERBS, TUS NUEVOS ALIADOS (PP. 76-77)
must
can
could
mustn't
may
should
might

(PP. 80-81)
might
can't - can't
must
could/can
could
should
should
have to
mustn't
must
may

FALSE FRIENDS Y CÓMO CAMELÁRTELOS (PP. 82-85)

sensible/sensitive
fabric/factory
constipated/have a cold
rope/clothes
exit/success
casualties/coincidence
career/race
library/bookstore
disgust/argument
compliments/accessory
embarrassed/pregnant
terrific/terrifying
soap/soup
introduce/insert

4. PRONUNCIACIÓN

THE ODD ONE OUT (PP. 92-93)

Colonel » opción 1
Handkerchief » opción 1
Though » opción 2
Thorough » opción 1
Mischievous » opción 2
Squirrel » opción 1
Rhythm » opción 2
Interesting » opción 2
Choir » opción 1
Vegetable » opción 2
Cemetery » opción 1
February » opción 1
Literally » opción 1
Chocolate » opción 2

THE MINIMAL PAIRS (PP. 94-95)

Diferencia entre [i:] y [ɪ]
1. Shit - 2. Beach - 3. Fill
Diferencia entre [b] y [v]
1. Berry - 2. Vote - 3. Bury
Diferencia entre [g] y [k]
1. Game - 2. Grow - 3. Gill
Diferencia entre [d] y [t]
1. Down - 2. Tie - 3. Dip
Diferencia entre [s] y [z]
1. Eyes - 2. Price - 3. Rise
Diferencia entre [æ] y [ʌ]
1. Cut - 2. Uncle - 3. Fan
Diferencia entre [e] y [ɪ]
1. Hid - 2. Bid - 3. Bell

SPOT THE PRONUNCIATION MISTAKE (P. 96)

1. eyes
2. head
3. bed
4. pet
5. came
6. day
7. feel

THE FINAL DICTATION (P. 97)

"Maria was a voracious reader, and she loved nothing more than curling up with a good book. She especially loved reading books in English, and she spent hours poring over the pages of her favorite novels. As she packed her bags and prepared to leave for university, Maria knew that her love of the English language would stay with her for the rest of her life. She couldn't wait to see where it would take her next".

5. PHRASAL VERBS

¿SEPARABLE O INSEPARABLE? (PP. 102-104)

1. Ambas son correctas.
2. Ambas son correctas.
3. Her family grew up in California.
4. Linda got on the bus back home.
5. Ambas son correctas.
6. The plane took off ahead of schedule.
7. My boyfriend checked in at our hotel after me.
8. What was the word again? I'll look it up in the dictionary.
9. Ambas son correctas.
10. He asked me out and I said no!
11. When will you go back to work?
12. Ambas son correctas.

(P. 105)
Ask someone out: pedirle salir a alguien.
Go back: volver.
Put off: posponer un evento.
Turn up: subir el volumen.
Put on: ponerse una prenda de vestir.
Take off: despegar.
Look up: buscar (en un libro o en internet).
Get on somewhere: subirse a un medio de transporte.
Hand in: entregar un trabajo.
Check in: hacer el check-in.
Grow up: crecer.
Make up: inventarse algo.

PHRASAL VERBS CON UP/DOWN (PP. 106-107)

1. Down
2. Up/down
3. Down
4. Down
5. Down
6. Down
7. Down
8. Up
9. Up
10. Up
11. Up
12. Up
13. Up

PHRASAL VERBS CON ON/OFF (PP. 108-109)

1. On
2. Off
3. On
4. Off
5. On
6. On
7. Off
8. On
9. Off
10. Off
11. Off
12. On
13. Off
14. Off
15. On
16. Off

(P. 109)

1. Called off
2. Told off
3. Turn off
4. Set off
5. Cut off
6. Went off
7. Got on

PHRASAL VERBS CON IN/OUT (PP. 110-111)

IN
- Succeed in entering a place: get in
- Arrive and register at a hotel or airport: check in
- Allow someone or something to enter: let in
- Allow someone to stay in your house: take in
- Decide to do what someone else wants: give in
- Come into effect: kick in
- Belong to a group, plan, or situation: fit in
- Give something to a teacher, police officer, or other person in authority: hand in
- Enter a room or building: come in

OUT
- Spend a lot of time with someone: hang out
- Allow someone to leave a place: let out
- Get rid of something unnecessary: throw out
- Discover a fact or piece of information: find out
- Leave or depart: head out
- Tidy a place by getting rid of things that you do not want: clear out
- Not allow someone to share something or be included in something: cut out
- Remove something from somewhere: take out
- Result: turn out

PHRASAL VERBS CON AROUND/BACK (PP. 112-113)

AROUND
- Wait around (3)
- Hang around (3)
- Mess around (3)
- Stick around (3)
- Take someone around (2)
- Turn around (1)
- Shop around (2)

BACK
- Call back (3)
- Pay back (3)
- Get back to someone (3)
- Give back (3)
- Look back (1)
- Hold back (2)
- Cut back (2)

AROUND & BACK
- Look around (2) y Look back (1)

PHRASAL VERBS QUE NO TE ENSEÑAN EN EL COLEGIO (PP. 114-115)
Butt in
Winding me up
Pop in
Pigging out
Hit me up
Bring it on
Come down with
Hit it off
Gets away with
Showing off

THE END...?

En realidad, esto es solo el principio. Sigue estos truquitos para asegurarte de que vives una experiencia Maria Speaks English al completo.

FAKE IT UNTIL YOU MAKE IT

Esta frase me acompañaba cada vez que tenía miedo de hablar en inglés. Créetelo y vívelo. Deja atrás la típica frase sorry for my English y habla, actúa and go for it. Si yo hubiera hecho caso a las pequeñas vocecitas de mi cabeza, nunca habría llegado a hablar inglés, ni siquiera a escribirlo.

~~CHANGE~~ MOTIVATION IS THE ONLY CONSTANT

A partir de ahora, lleva el inglés a tu terreno. Empápate de él. Rodéate de contenido en inglés sobre lo que más te guste y sal de tu zona de confort de vez en cuando para hablar inglés, aunque solo sea contigo mismo en tu habitación.

Asegúrate de que te rodeas de inglés al menos diez minutos todos los días. Es preferible ser constante en pequeñas dosis que darte un atracón de inglés solo una vez al mes. Así, poco a poco, crearás tu propia burbujita del idioma.

Hazlo con cariño, con corazón y siendo consciente. Cuando aprendes y disfrutas al mismo tiempo, la cosa cambia. ¡Te lo digo yo!

THANKS A MILLION!

THIS IS NOT A GOODBYE.

SEE YOU IN A WHILE, CROCODILE!

Nos vemos en nuestra comunidad en redes sociales
para tu dosis diaria de truquitos.

Aprende más inglés en:
www.mariaspeaksenglish.com

@mariaspeaksenglish
@mariaspeaksenglish

MARIA SPEAKS ENGLISH